VERBORGENES
BALI

W0047291

Narina Exelby
und Mark Eveleigh

JONGLEZ VERLAG

Reiseführer

Narina Exelby arbeitet als freiberufliche Autorin und Verlegerin. Vor 15 Jahren beschloss sie, die Stabilität ihres Lebens in Kapstadt für die Freiheit und ein Leben on the Road aufzugeben. Narina zog es schon immer an entlegene Orte. Ein Grund dafür, dass man sie seit einigen Jahren an der äußersten Westküste von Bali, vier Stunden entfernt von allen Menschenmassen, findet. Ihre zahlreichen Reisen führen Narina vor allem durch Südostasien, Südafrika und Europa, und wenn sie ihr geliebtes Baumhaus in Richtung einer Stadt verlässt, schwelgt sie gerne bei einem gutem Glas Wein und feinem Käse im Glück ... und ist oft selbst überrascht, welchen Gefallen sie doch auch am Rhythmus des Großstadtlebens findet.

Sechs nervenaufreibende Stunden, an dem ausgefransten Seil einer venezolanischen Seilbahn baumelnd, führten Mark Eveleigh im freien Fall hinein in seine Tätigkeit als Reisebuchautor mit Hang zum Abenteuer. In Vorbereitung einer Expedition ins Innere des „Tals der Geisterwelt" auf Borneo (das 1999 zum Thema seines ersten Buches, *Fever Trees of Borneo*, wurde) brachte er sich selbst Indonesisch bei. Seine Liebe zu Bali entdeckte er, als er 2003 ein Jahr mit einer balinesischen Familie verbrachte. Seit über fünf Jahren hat er sich im „Wilden Westen" der Insel seine Schreibbasis eingerichtet. Trotz seiner unzähligen Aufträge, die ihn (für BBC, CNN, Esquire, National Geographic Traveler und andere) auf mehr als 100 indonesische Inseln führten, beschreibt Mark die entlegenen Gebiete von Bali noch immer als ein „vergessenes Paradies".

Angesichts der ungeheuren Beliebtheit des Touristenmagneten Bali könnte man meinen, dass die Insel, die vielen als einer der zauberhaftesten Orte der Welt gilt, keine Geheimnisse mehr zu bieten hat. Doch das vorliegende Buch widmet sich diesem paradiesischen Fleckchen Erde auf andere Weise, in Form einer Hommage, und will Besuchern dieser einzigartigen Insel zeigen, wie sie ausgetretene Pfade verlassen können, um so die unbekannten Seiten der so reichen und komplexen und von unbeschreiblich herzlichen Menschen fortgeführten balinesischen Kultur kennenzulernen. Einige der hier vorgestellten Orte befinden sich in Regionen, von denen nur wenige Touristen überhaupt wissen. Andere wiederum liegen ganz nah an vielbesuchten Stätten, doch wir sind überzeugt, dass auch hingebungsvolle Kenner von Bali auf den Seiten dieses Buches noch einige Schätze finden werden, von deren Existenz sie bislang nichts ahnten.

Der Zutritt zu Privathäusern und Werkstätten ist im Allgemeinen gratis; Spenden sind jedoch herzlich willkommen. Die Eintrittspreise zu Museen und Ateliers sind insgesamt sehr moderat und werden hier nur genannt, wenn sie 75.000 Indonesische Rupiah übersteigen. Wir freuen uns immer über Anmerkungen und Anregungen zu diesem Buch sowie Hinweise auf unbekannte Orte, die uns möglicherweise entgangen sind und die wir gerne prüfen und in künftige Ausgaben dieses Reiseführers einfließen lassen.

Kontaktieren Sie uns:
E-Mail: info@jonglezverlag.com
Jonglez Verlag, Danziger Straße 4
10435 Berlin

Taman
National Park

*Java
Island*

BALI SEA

Prapat Agung
Peninsula

Si

Gilimanuk

West Bali
National Park

Seririt

Banyuwangi

*WEST
BALI*

Pupuan

Kali
Setail

Negara

Medewi

B A

Jl-227

*Bali
Strait*

S. 46

Alas Purwo
National Park

Tar

N

0   20 km   40 km

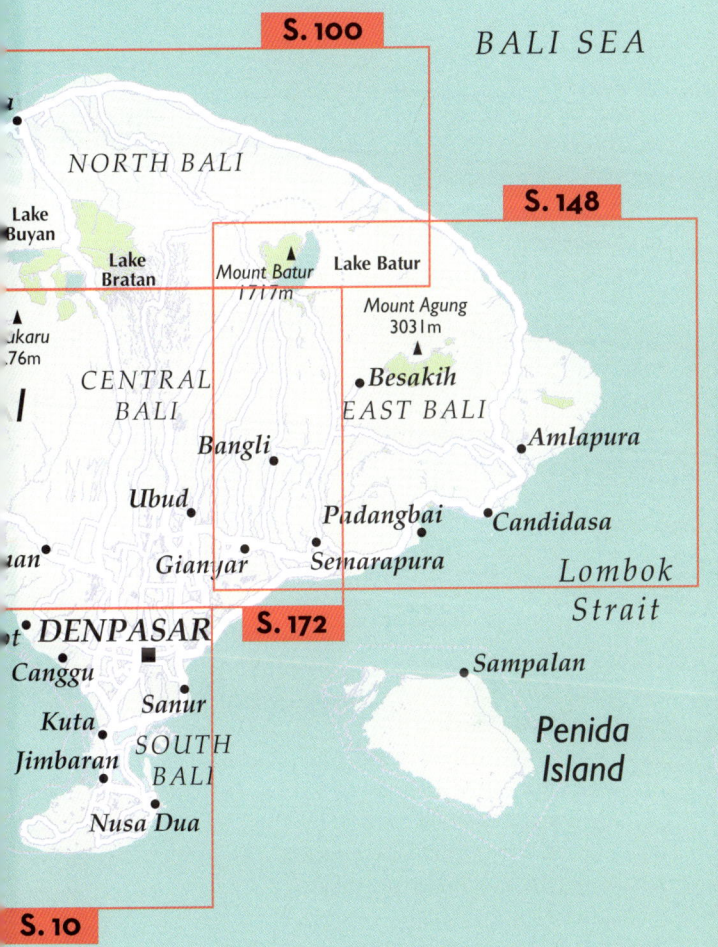

S. 100

BALI SEA

NORTH BALI

Lake Buyan

Lake Bratan

ukaru .76m

Mount Batur 1717m

Lake Batur

S. 148

Mount Agung 3031m

CENTRAL BALI

Besakih

EAST BALI

Bangli

Amlapura

Ubud

Padangbai

Candidasa

an

Gianyar

Semarapura

Lombok Strait

S. 172

DENPASAR

Canggu

Sanur

Sampalan

Kuta

Jimbaran

SOUTH BALI

Penida Island

Nusa Dua

S. 10

INHALT

Süden

Westen

Norden

INHALT

Osten

Zentrum

Tabanan

CENTRAL BALI

Sukawati

⑦

Tanah
Lot

② DENPASAR
⑥
⑤
③ ①
④

⑧ Canggu
Kerobokan

Tukad Badung

Sanur

Seminyak
Legian
⑨ SOUTH BALI

Badung
Strait

INDIAN
OCEAN

Kuta ⑪ ⑩

Serangan
Island

Ngurah Rai
International Airport

Benoa
Harbour

Jimbaran

Tanjung
Benoa

⑫

⑬

Nusa Dua ⑭

Pecatu

⑮

INDIAN
OCEAN

N

0   5 km   10 km

Süden

Ein verlassener Themenpark aus den 1990er Jahren:
der gruseligste Ort von ganz Bali?

Jalan Padang Galak no. 3, Kesiman, Denpasar
Täglich geöffnet

Wer Spannung liebt, ist in dem seit dem Jahr 2000 aufgegebenen Themenpark *Taman Festival* genau richtig. Schlingpflanzen und Lianen, die an den Fassaden emporklettern, verleihen dem im Laufe der Jahre von der Vegetation überwucherten Gelände den ganz eigenen Charme eines alten Urwaldtempels. Hier und da blitzt mit der Farbe alter Tage und Graffitis ein Hauch von Übernatürlichem durch das verwunschene Dickicht. Die Natur hat diesen Ort zurückerobert: Zwischen herumliegenden Steinen springen Eichhörnchen umher, im Unterholz rascheln Eidechsen und um die verlassenen Mauern schwirren Fledermäuse.

Die Wurzeln eines alten Banyan-Baums – Zeuge aus Zeiten der Gründung des Parks – greifen nach einem Wandrelief des früheren *Turbo-Theater*, als wollten sie es dem tropischen Wald einverleiben. Im hinteren Bereich des Gebäudes blickt einem ein kunstvoll gesprayter Aztekenkrieger in die Augen. Die Mischung verschiedener Stilrichtungen verleiht dem Ort ein unheimlich-rätselhaftes Ambiente. Die Erkundung der dunklen Tiefen des Theaters zählt vermutlich mit zum Unheimlichsten, was man auf Bali erleben kann.

Die rund zwanzig Gebäude des *Taman Festival* dürften heute ein aufregenderes Erlebnis versprechen, als es den Besuchern der Eröffnung 1997 zuteilwurde. Attraktionen des Parks waren seinerzeit die erste Achterbahn der Welt mit hängenden Sitzen, ein künstlicher Vulkan, 3D-Laservorführungen, das größte Schwimmbad Balis sowie Krokodile (die natürlich in einem anderen Becken dümpelten). Doch das *Taman Festival* war nicht rentabel: „Es war zu teuer", erklärt ein Security-Mitarbeiter schulterzuckend. „In einer Zeit, als man für 2.000 Indonesische Rupiah ein Essen erhielt, lag der Eintrittspreis bei 75.000 Indonesichen Rupiah."

Gerüchte über das, was tatsächlich geschah, gibt es zuhauf. Die plausibelste Geschichte steht in Verbindung mit einer fünf Millionen Dollar teuren Laseranlage, die am Freitag, den 13. März 1998, vom Blitz getroffen wurde. Die Versicherung hat nie bezahlt, sodass der Park im Jahr 2000 seine Türen schließen musste. Knapp zwanzig Jahre später scheint der Streit um die Eigentumsrechte an dem acht Hektar großen Gelände weiterzugehen. Zu den irrwitzigsten Legenden, die sich um die Anlage ranken, zählt wohl jene der Krokodile, die noch immer durch den Park streifen sollen. Einheimische sollen die Echsen über die Jahre ernährt haben – andere wiederum behaupten, sie hätten sich von Einheimischen ernährt... Dem örtlichen Sicherheitsdienst zufolge wurden die Krokodile einem Tierpark in der Nähe von Ubud übergeben. In Wirklichkeit befinden sich die Tiere heute im *Bali Wildlife Rescue Centre* von Tabanan (s. S. 224).

ZENTRUM *MEKAR BHUANA* ②

Ein Zentrum für den Erhalt der balinesischen Musik und Tanzkunst

Jalan Gandapura 3 no. 501X, Kertalangu, Denpasar
081 999 191 104 – balimusicanddance.com
Besichtigung nach Vereinbarung. Sonntags gegen 10 Uhr finden Aufführungen statt
Anmeldung vorab im Zentrum
Am Eingang wird um eine Spende gebeten

Wer sie nicht kennt, für den klingt balinesische Musik zunächst oft wenig differenziert. Und doch gilt das *Gamelan* (umfassende Bezeichnung für meist hauptsächlich lokale Schlaginstrumente umfassende Ensembles) als eine der höchstentwickelten Musiktraditionen weltweit. Auf Bali gibt es mehr als 45 Arten dieser Musik, und das Zentrum

Mekar Bhuana ist der einzige Ort der Insel, an dem sie in ihrer ganzen Vielfalt kontinuierlich gefördert und gelebt wird.

Über die Komplexität der balinesischen Traditionen herrscht weithin Konsens. Geübte Ohren vermögen so zu erkennen, aus welchem Teil der Insel die gespielte Musik stammt sowie welche Instrumente zum Einsatz kommen und worin die Funktion der Partitur und der begleitenden Choreografie besteht. Einige Stile sind jedoch im Verschwinden begriffen, und *Mekar Bhuana* hat es sich zum Ziel gesetzt, diese Traditionen zu dokumentieren, zu verzeichnen und zu rekonstruieren.

„Viele denken, dass die musikalische Tradition von Bali durch all die Zeremonien, die regelmäßig veranstaltet werden, wie selbstverständlich fortlebt", erläutert Vaughan Hatch, Ethnologe und Musikologe sowie Mitbegründer des Zentrums *Mekar Bhuana*. „Beginnt man jedoch, sich näher mit den Besonderheiten dieser Musik zu befassen, stellt man fest, dass manche von ihnen verloren gehen. Diese Besonderheiten sind es, die wir bewahren wollen."

Doch wer nun ein Museum erwartet, liegt falsch: In *Mekar-Bhuana* werden Musik und Tanz gelebt – in Workshops und Einzelstunden für Interessierte jeden Niveaus. Mit den Einnahmen der Touristenkurse finanziert das Zentrum einen Teil seiner Recherchen und Aufnahmen. Darüber hinaus versteht sich *Mekar Bhuana* als Ort, an dem junge Balinesen ermutigt werden, ihre musikalische Tradition kennenzulernen und stolz weiterzutragen.

Das Zentrum ist im Besitz einer faszinierenden Kollektion von *Gamelan*-Instrumenten. „Eines unserer wertvollsten Instrumente ist das aus vier hakenförmigen Bambusrohren bestehende *Angklung Kocok*. In einigen Dörfern gibt es noch *Angklungs* mit drei Rohren. Eines mit vier Rohren ist uns bislang sonst nirgendwo begegnet", erklärt Vaughan. „Unser *Angklung Kocok* wurde anhand eines Fotos des kanadischen Musikologen Colin McPhee, das dieser in den 1930er Jahren aufgenommen hat, rekonstruiert. Dieses Instrument ist Bestandteil eines unserer *Angklung*-Ensembles, das insgesamt 27 Instrumente umfasst."

Musik spielt im dörflichen Leben Balis seit jeher eine bedeutende Rolle. Nicht zuletzt deshalb organisiert das Zentrum jede Woche informelle Familientreffen, bei denen traditionelle Musik gespielt wird.

Der Roman *Ein Haus in Bali*, veröffentlicht 1946 von dem kanadischen Komponisten Colin McPhee (1900–1964), bietet einen wunderbaren Einblick in das Leben auf Bali und in die Feinheiten der lokalen Musik. McPhee lebte knapp zehn Jahre auf der Insel und widmete sich in dieser Zeit eingehend der Erforschung der balinesischen Musik. *Ein Haus in Bali* bietet so eine hervorragende Einführung in die Kunst und die Musik der Insel.

MUSEUM DER FINGERMALEREI

Ein Museum, in dem „handgemacht" eine neue Bedeutung erlangt

Jalan Hayam Wuruk no. 175, Denpasar
0361 235 115
Montag bis Samstag von 8–16 Uhr
Kein fester Eintrittspreis: Es empfiehlt sich, eine Spende abzugeben

Als „Fingermalerei" wird gemeinhin eine künstlerische Ausdrucksform bezeichnet, bei der mit den Händen und Unterarmen Farbe auf eine Leinwand aufgetragen wird. Diese Beschreibung wird der Technik der Werke, die im Museum *Lukisan Sidik Jari* (wörtl. „Museum der Malerei mit Fingerabdrücken") zu sehen sind, allerdings nicht gerecht.

Sie stammen von dem berühmten balinesischen Künstler Ngurah Gede Pemecutan, der seine ersten Gemälde ab 1954 mit dem Pinsel ausführte. Später begann er, mit verschiedenen Techniken zu experimentieren, bis er 1967 sein Medium fand. Alle Werke, die er seitdem anfertigte, bestehen aus dicht mit den Fingerspitzen nebeneinandergesetzten Punkten. Den Betrachter zwingt diese Technik, einen gewissen Abstand zum Gemälde einzunehmen, um die dargestellte Szenerie erfassen zu können.

Dieser in Europa in den 1880er Jahren aufgekommene Stil, genannt Pointillismus, beschreibt eine Kunstbewegung und Maltechnik, bei der die Farben nicht gemischt, sondern in vielen kleinen Tupfern nebeneinandergesetzt werden. Ngurah Gede Pemecutan erweckte diese auf Bali lange unbekannte Methode zu neuem Leben, was ihm den Namen *Sidik Jari Painter* („Fingerabdruckmaler") einbrachte.

Die meisten in dem Museum gezeigten Gemälde beschreiben das balinesische Leben: traditionelle Tänze, Porträts von Frauen in traditioneller Tracht (Kebaya, eine Art Spitzenbluse, Sarong und Gürtel),

religiöse Zeremonien. Auch das erste Werk, das Ngurah Gede Pemecutan in dieser Technik ausführte, ist zu sehen. Es zeigt eine Baris-Tänzerin.

Das wohl bedeutendste Gemälde des Museums ist vermutlich die Darstellung des von den Holländern 1906 verübten Massakers von Pemecutan (s. S. 29 und 165). Gemäß dem Willen des Künstlers ist das Werk unverkäuflich – zu Ehren seiner Familie, die in den Kämpfen starb.

BUNG-KARNO-MUSEUM

Ein Museum für den ersten Präsidenten Indonesiens

Bung-Karno-Museum
Jalan Raya Puputan no. 80, Dangin Puri Klod, Denpasar
0813 8450 0092
Dienstag bis Sonntag von 10 bis 17 Uhr

Der charismatische Sukarno (1901–1970) war von 1945 bis 1967 der erste Präsident von Indonesien. Der ursprüngliche Name des in Surabaya geborenen Sohns eines javanischen Vaters und einer balinesischen – hinduistischen Mutter, lautete Kusnasosro. Nachdem er als Kind mehrere Krankheiten überlebt hatte, änderten seine Eltern den Namen in Sukarno (wie viele Javaner trug er nur einen Namen).

Im Zuge der indonesischen Unabhängigkeitskämpfe erhielt Sukarno den Beinamen *Bung* („Bruder", „Kamerad") Karno. Das *Bung-Karno-Museum* ist eine Hommage an den Mann, der diese 17.000 Inseln umfassende Nation in die Freiheit führte. Vor dem Gebäude sind in einer Inschrift die *Pancasila* verewigt, *Sukarnos Fünf Prinzipien der Unabhängigkeit.*

Im Inneren des Museums sind eines seiner Autos (ein schwarzer Mercedes), eine Bibliothek mit 1400 Bänden, Abschriften seiner Texte (Sukarno galt als brillanter Redner) sowie verschiedene persönliche Gegenstände und Gemälde zu sehen. Eines davon zeigt die mythische Königin der Südsee, Nyi Roro Kidul, und erinnert an die Darstellung des der Königin des Südens gewidmeten Schreins im *Grand Inna Bali Beach Hotel* (s. S. 43).

Sukarno beherrschte neben Javanisch auch Sundanesisch, Balinesisch und modernes Indonesisch (zu dessen Entstehung er selbst beitrug) sowie Niederländisch, Deutsch, Französisch, Englisch und Japanisch. Wenngleich Sukarno für seinen Kampf für die Unabhängigkeit verehrt wurde, war er auf Bali doch nie sehr populär. Viele machten ihn für eine Reihe von Naturkatastrophen verantwortlich (darunter eine Rattenplage und den Ausbruch des Vulkans Agung), die sich auf der Insel während seiner Präsidentschaft ereigneten, und mutmaßten, dass die Götter so ihrer Unzufriedenheit mit Sukarno Ausdruck verliehen.

Das *Bung-Karno-Museum* wurde 2015 von Megawati Sukarnoputri eröffnet, Sukarnos Tochter und fünfte Staatspräsidentin Indonesiens.

Der Name Sukarno wird häufig auch „Soekarno" geschrieben („oe" wird auf Niederländisch wie „u" ausgesprochen). Bereits in der Schule wurde ihm diese Schreibung auferlegt und auch später gelang es ihm nicht, sich ihrer zu entledigen. Sowohl seine Dekrete als Präsident als auch seine Unterschrift sowie der internationale Flughafen „*Soekarno-Hatta*" in Jakarta (Mohammed Hatta war der erste Vizepräsident von Indonesien sowie enger Freund und Waffenbruder von Sukarno) folgen der Schreibweise mit „oe".

DAS MÜNZKABINETT IM BULELENG BUILDING

⑤

Münzen von unschätzbarem Wert

Bali Museum
Jalan maire Wisnu no. 1, Denpasar
Samstag bis Donnerstag von 8:30–16 Uhr; Freitag von 8:30–12:30 Uhr;
an Feiertagen geschlossen

Nur wenige Besucher finden den Weg in das kleinste Gebäude des im *Buleleng Building* untergebrachten Bali-Museums. Eine Geringachtung, die das Häuschen nicht verdient hat, bietet es doch einen faszinierenden Einblick in die Bedeutung chinesischer Münzen für die balinesische Kultur. Die Ausstellung beschreibt, ergänzt um englischsprachige Hinweistafeln, die Geschichte dieser Münzen, die vom 19. Jahrhundert bis 1950 offizielle Währung der Insel waren und wesentlicher Bestandteil hinduistischer Zeremonien sind. Auf Indonesisch als *Uang Kepeng* und auf Balinesisch als *Pis Bolong* bezeichnet, sind einige von ihnen mehr als zweitausend Jahre alt. Im Interview mit der Jakarta Post stellte der Münzsammler und Archäologie-Dozent I Dewa Nyoman Putra Harthawan eine der chinesischen Kupfermünzen seiner Sammlung vor, die auf Bali gefunden wurde und aus dem Jahr 175 v. Chr. stammt: „Diese Münze ist unter dem Namen *Ban Liang* bzw. halbes Liang bekannt", erklärte er. „Wir haben viele dieser zweitausend Jahre alten Münzen gefunden, was von dem regen Austausch zeugt, den wir mehr als zwei Jahrtausende mit China unterhielten." Im Laufe der Zeit erlangten die Münzen für die lokale Kultur ebenso große Bedeutung wie für den Handel und fanden sowohl in populären Spielen als auch in wichtigen Zeremonien Verwendung. Schenkt man den *Puranas* (hl. Schriften des Hinduismus) von Pura Dalem Balingkang Glauben, so kam der *Kepeng* schon im 12. Jahrhundert anlässlich der Hochzeit von König Raja Sri Haji Jayapangus mit der chinesischen Händlerstochter Kang Ching Wei zum Einsatz (s. S. 144). Nach der Hochzeitszeremonie soll der Händler seiner Tochter zwei Münzen gegeben haben, woraufhin der König verkündete, dass der *Kepeng* von nun an bei religiösen Zeremonien der Insel zu verwenden sei. Die Ausstellung erstreckt sich über das gesamte *Buleleng Building* (dessen Name daher rührt, dass der Bau Anfang des 20. Jahrhunderts von dem König finanziert wurde, der über das nordbalinesische Buleleng herrschte). Die Architektur des Gebäudes erinnert wie die drei 1932 eröffneten ersten Teilbauten des Museums an die Pagoden dieser Region. 1969 wurde die Fläche der Einrichtung mehr als verdoppelt.

Die magischen Kräfte chinesischer Münzen

In unbekannter Zeit (nach I Dewa Nyoman Putra Harthawan vermutlich zwischen dem 15. und dem 17. Jahrhundert) tauchten sogenannte „balinisierte" Münzen auf, die auf einer Seite einen chinesischen Text, auf der anderen verschiedene Porträts oder als *Rerajahan* bezeichnete heilige balinesische Bilder trugen. Seitdem hält sich die Überzeugung, diese Münzen besäßen übernatürliche Kräfte. Wer demnach im Besitz eines *Pis Jaran* (Münze mit aufgeprägtem Pferd) ist, wird bei Pferderennen gewinnen – solange er an die Macht der Münze glaubt.

BALINESISCHER KALENDER IM BALI-MUSEUM

Zeitmessung auf der Insel der Götter

Bali Museum
Jalan Mayor Wisnu no. 1, Dangin Puri, Denpasar
Samstag bis Donnerstag von 8:30–16 Uhr; Freitag von 8:30–12:30 Uhr;
an Feiertagen geschlossen

In einem Raum des orientalischen Gebäudes des Bali-Museums ist neben einer erstaunlich komplexen Holzskulptur ein Stück Stoff zu

sehen, das in zahlreiche, mit kunstvollen Malereien ausgestaltete Felder unterteilt ist. Die Erklärungstafel neben der rechteckigen Skulptur trägt schlicht die Aufschrift: „Balinesischer Kalender".

Es ist ein *Palelintangan*, ein astrologischer Kalender, auf dem ein balinesischer Monat dargestellt ist (zu sehen sind die Götter und symbolischen Formen, die jeweils für einen bestimmten Tag stehen), während es sich bei der Holztafel um einen sogenannten *Tika* handelt, eine visuelle Darstellung des *Pawukon*-Kalenders. Um jedoch Bedeutung und Funktion dieser Objekte verstehen zu können, benötigt man Grundkenntnisse der balinesischen Zeitrechnung.

Grundlagen der balinesischen Zeitrechnung

Auf Bali gibt es drei Kalender, um die Zeit zu berechnen: den gregorianischen Kalender (der von den Niederländern eingeführt wurde und vor allem in Handel und Verwaltung zum Einsatz kommt), den 210 Tage umfassenden *Pawukon*-Kalender (mit dem die Termine für Zeremonien und Feierlichkeiten bestimmt werden) und den zwölf Monate währenden Saka-Mondkalender. Der *Pawukon-* und der *Saka*-Kalender sind nicht aufeinander abgestimmt, und beide sind noch heute sehr gebräuchlich. Mit dem *Pawukon*-Kalender werden die Daten für religiöse Festtage anhand minutiöser Formeln und verwirrender Berechnungen bestimmt. Diese folgen mehr oder weniger dem folgenden Prinzip: Der *Pawukon*-Kalender umfasst sechs Monate à 35 Tage und zehn nebeneinander herlaufende Zyklen mit einer Länge von jeweils einem bis zehn Tagen. Jeder Tag jedes Zyklus hat einen eigenen Namen in Sanskrit, ist jedoch nicht nummeriert. Drei dieser Zyklen sind dabei wichtiger als die anderen: die Dreitagegruppe (*Triwara*) zur Bestimmung der Markttage, die Fünftagegruppe (*Pancawara*) und die Siebentagegruppe (*Saptawara*). Günstige Handelstage sowie Festtage werden durch das Zusammenfallen von Tagen dieser Kalender bestimmt, wenn also beispielsweise der dritte Tag der Dreitagegruppe auf den fünften Tag der Fünftagegruppe fällt. Dazu kommt es alle 15 Tage, und da zu diesen Zeiten böse Geister als besonders aktiv gelten, werden spezielle Opfergaben vorbereitet.

Nahezu alle Festtage werden durch Zufälle wie diesen berechnet – mit Ausnahme von *Nyepi* (s. S. 24), dessen Datum mittels des *Saka*-Mondkalenders bestimmt wird. Der aus Indien stammende *Saka*-Kalender umfasst zwölf Monate mit je dreißig Tagen, wobei jeder Monat am Tag nach Neumond beginnt. Nyepi markiert den Beginn des neuen Mondjahres und ist auf Bali traditionell ein Tag der Stille und Meditation. Für gewöhnlich wird *Nyepi* im März gefeiert, da der Beginn des *Saka*-Kalenders auf das Datum fällt, an dem ein *Saka*-Stamm in Südindien im Jahre 78 die Macht ergriff.

Nyepi: der balinesische „Tag der Stille"

Einmal im Jahr lässt Bali die Hektik des Alltags ruhen: Die Strände sind menschenleer, die ansonsten so lebendigen und bevölkerten Straßen verwaist. Schildkröten tummeln sich ungestört am Ufer, der internationale Flughafen von *Ngurah Rai* stellt seinen Betrieb ein. Selbst in den muslimischen Enklaven der Insel bleiben die Rufe der Muezzine aus, und sogar die Vögel scheinen sich mit ihrem Gesang zurückzuhalten. So verwandelt sich Bali jedes Jahr nach zahlreichen Reinigungszeremonien für 24 Stunden in eine Geisterinsel. Viele Besucher vermeiden es, zu dieser Zeit auf die Insel zu kommen. Wer den „Tag der Stille" jedoch einmal miterlebt hat, wird diesen nie wieder vergessen.

An *Nyepi* beginnt nach dem Saka-Mondkalender (s. S. 22) das neue Jahr. Der Legende nach wird die „Insel der Götter" an jenem Tag von Dämonen heimgesucht. Reisen, Arbeit, Feuer und Lärm sind ebenso verboten wie im Haus das Licht einzuschalten. Nach den lautstarken Zeremonien des Vorabends, wenn überall auf der Insel große Umzüge mit *Ogoh-Ogoh*-Puppen stattfinden (s. S. 220 und 226), erscheint die Stille noch undurchdringlicher.

Die *Ogoh-Ogohs* mit ihren alptraumhaften Fratzen sind aus Pappmaché gefertigte Spukgeister und symbolisieren die *Bhuta Kala*, die Natur mit ihrer zerstörerischen Kraft. Nach einer Reihe grotesker Tänze, bei denen die Geisterpuppen wild umeinander herumtanzen, um die bösen Geister, die ihnen zu folgen versuchen, aus dem Konzept zu bringen, werden diese meist verbrannt. Anschließend ziehen sich alle in eine 24 Stunden während Stille zurück, um die auf der Insel einfallenden Geister glauben zu machen, diese sei unbewohnt. Von Tagesanbruch an *Nyepi* bis zum folgenden Morgen verschwindet jede Spur menschlichen Lebens. Die bösen Geister werden in die Irre geführt.

Die für *Nyepi* geltenden Verbote werden streng eingehalten. Neugierige, die gegen die Regeln verstoßen und sich auf den leeren Straßen zeigen, laufen Gefahr, den Unmut der gesamten Inselbevölkerung auf sich zu ziehen oder gar der Insel verwiesen und zu einer hohen Geldbuße verdonnert zu werden, mit der dann eine Reinigungszeremonie finanziert wird.

Das Leben in den Touristenzentren geht an diesem Tag mehr oder weniger wie gewohnt weiter (wenn auch mit reduziertem Personal). Urlauber in Ferienhäusern dürfen diese allerdings nicht verlassen, müssen sich an die Gebräuche halten und Geräusche vermeiden, die von außen zu hören sein könnten. Wie auch immer man diesen Tag der gezwungenen Untätigkeit verbringt: Ihn mitzuerleben, ist eine ganz besondere, ruhige Erfahrung. Zumal die Insel an diesem Tag nahezu frei von Lichtverschmutzung ist und sich nachts über ihr ein fantastischer Sternenhimmel ausbreitet.

DAS DORF PEJATEN

Einer der unbekanntesten Orte in Balis Süden

Banjar Pangkung, Pejaten, Kediri, Tabanan
Montag bis Samstag von 7–12 Uhr; an Feiertagen geschlossen
Eintritt frei, Spenden willkommen

In der kleinen Ortschaft Pejaten treffen wir Pak Dedi, einen der „Krieger der gebrannten Erde": Früh im Morgengrauen steht er auf, um mit seiner Familie in einem der erstaunlichsten Dörfer Balis zu arbeiten. Gemeinsam mit seiner Tochter Dewi und seinen Söhnen Doni und Dani führt er die mehrere Generationen alte Tradition der manuellen Herstellung von Backsteinen fort, von denen er jeden Morgen bis zu eintausend Stück fertigstellt.

Das Dorf Pejaten ist einer der unbekanntesten Orte in Balis Süden; von Touristenmassen ist es bislang verschont geblieben. Obwohl es nur fünf Kilometer von dem berühmten *Pura-Tanah-Lot*-Tempel entfernt ist, finden nur wenige Besucher den Weg nach Pejaten. Noch weniger machen dort Halt. Wer sich jedoch die Zeit nimmt, dem fallen unweigerlich die Unmengen von zum Trocknen in der Sonne liegenden Kacheln und Backsteinen ins Auge.

Im balinesischen Hinduismus gibt es zwar keine „Unberührbaren", weil das Töpferhandwerk jedoch traditionell als „unrein" gilt, leben jene, die davon leben, in eigenen Gemeinschaften. In Pejaten wird in einigen kleinen Ausstellungsräumen die hier gefertigte traditionelle Keramik ausgestellt – Haushaltsgefäße, aber auch zeremonielle Objekte für die Nutzung im Tempel. Die meisten Dorfbewohner widmen sich heute der Herstellung schöner Backsteine und Kacheln.

Früher wurde der Ton aus dem nahegelegenen Fluss entnommen. Da diese Quelle inzwischen jedoch versiegt ist, gelangt er per Lkw aus anderen Regionen in das Dorf. Bei der Handfertigung der Ziegel kommen schwere Pressen zum Einsatz. Eine kräftezehrende Arbeit.

Zum Brennen kommen die Ziegel in einen mit Kokosnussschalen beheizten zweistöckigen Ofen. Während der Öffnungszeiten kann man den Handwerkern in den kleinen Familienbetrieben an der Straße über die Schulter schauen. Bei Pak Dedi und seinen Kollegen dürfen Besucher sogar selbst einige Ziegel fertigen und am eigenen Leib erfahren, wie diese Arbeit, die schwieriger ist als es scheint, die Unterarme trainiert.

Wer besonders freundlich fragt, darf sich vielleicht sogar im Singen an ihrem Karaoke-Gerät probieren.

BALE PUPUTAN

Ein Heiligtum zu Ehren balinesischer Helden, mitten im angesagten Stadtteil Canggu

Tugu Hotel
Jalan Pantai Batu Bolong, Canggu, Badung
0361 473 1701
Täglich von 8–17 Uhr

Kaum jemand nimmt sich an dem angesagten Ort Batu Bolong die Zeit, nur wenige Meter von dem unter Surfern als *Old Man's Beach* bekannten Strand entfernt eines der faszinierendsten kleinen Museen der Insel zu besuchen, das einem der dunkelsten Kapitel der balinesischen Geschichte gewidmet ist.

Im *Bale Puputan* dreht sich alles um das Gedenken an die balinesischen Helden, die in den Schlachten von Badung (1906) und Klungkung (1908) ihr Leben ließen. Das Museum befindet sich in dem Luxushotel *Tugu Bali* und kann auf Nachfrage an der Rezeption kostenlos besichtigt werden. Die meist absolute Stille des Ortes steht dabei in einzigartigem Kontrast zu der lebhaften Stimmung auf den Straßen von Canggu.

Das Wort *Puputan* wird oft mit „Schlacht bis zum letzten Mann" übersetzt. In den Schlachten von Badung und Klungkung fanden rund 4000 balinesische Männer, Frauen und Kinder den Tod. Die königlichen Familien und ihre Anhänger zogen den ritualisierten Massensuizid der Kapitulation gegenüber den Niederländern vor.

Die Sammlung des Museums umfasst Porträts balinesischer Helden, Fragmente von Porzellan aus der Ming-Dynastie aus dem Wrack des *Sri Kumala* (dessen Plünderung die militärische Invasion der Niederländer zur Folge hatte) sowie Teile einer Statue von Garuda, die später in den Ruinen des Palasts von Badung gefunden wurden. Zu den weiteren Exponaten zählen eine Skulptur der Lieblingstänzerin des Königs (die sich ebenfalls im *Puputan* das Leben nahm) und der Schreibtisch, auf dem der Niederländer J. Eschbach sein Ultimatum an den König von Badung schrieb – das vielen Balinesen dem lokalen Ehrenkodex nach keine andere Wahl als die Selbsttötung ließ.

Andere Objekte, die zu den ältesten des Museums zählen, stammen aus dem Erbe der Urgroßmutter des Eigentümers (eine Freundin der letzten Prinzessin von Badung) oder aus der Fracht des *Sri Kumala*. Wieder andere brachte der Eigentümer des *Hotel Tugu* (der Rechtsanwalt, Hotelier und Kunstsammler Anhar Setjadibrata), der sich seit jeher für die Restitution indonesischer Kunstschätze an sein Heimatland einsetzt, von Reisen nach Europa mit.

Der reich dekorierte chinesische Tempel des „Harmoniepalastes" aus dem Jahr 1706 gegenüber dem Museum wurde von Anhar Setjadibrata, Inhaber des *Hotel Tugu*, „zum Zeichen der Harmonie zwischen der alten Gemeinschaft der Peranakan (der chinesischstämmigen Bevölkerung Indonesiens) und der balinesischen Kultur" hierher versetzt.

MUSEUM DES INDONESISCHEN
BECAK

⑨

Eine Sammlung von Rikschas aus ganz Indonesien

*Losari Sunset Hotel, Jalan Merta Nadi, nahe der Jalan Sunset Road, Kuta,
Badung*
0851 0660 8585 – museumbecakindonesia.blogspot.com
Täglich geöffnet

Die Wahrscheinlichkeit, auf den Straßen von Bali einem *Becak* (ausgesprochen „Betschak") zu begegnen, ist eher gering. Warum, weiß niemand so genau, aber irgendwie waren die bunten Fahrradtaxis auf der Insel nie so richtig beliebt, obwohl sie in den letzten Jahren vor allem unter Raumgestaltern als Dekorationsobjekt in Hotellobbys und Restaurants einen gewissen Aufschwung erleben. Die schönste Sammlung mit Exemplaren aus ganz Indonesien findet sich ohne Zweifel im *Losari Sunset Hotel.*

Das *Becak*-Museum des Hotels bietet einen schönen Einblick in die Geschichte dieses Verkehrsmittels, das einen wichtigen Beitrag zur wirtschaftlichen Entwicklung der Städte des Archipels leistete. Aufgekommen ist das indonesische *Becak* vermutlich in der Hafenstadt Makassar auf Sulawesi. Im Jahr 1930 besaß ein Japaner namens Seiko San dort ein Fahrradgeschäft. Als die Geschäfte nach einigen guten Jahren weniger gut liefen, entwickelte er ein neues Fahrzeug, das er aus nur noch schwer verkäuflichen Ersatzteilen zusammenbaute. Seiko Sans Fahrrad hatte drei Räder und konnte zwei Fahrgäste befördern: Das *Becak* war geboren.

Schon bald erfreute sich das Gefährt in den indonesischen Städten großer Beliebtheit, sowohl für die Beförderung von Personen als auch für den Transport von Waren. 1966 gab es in Jakarta rund 160.000, aber in den vergangenen Jahren sank die Anzahl immer weiter.

In Städten wie Jakarta, Bandung, Semarang, Yogyakarta, Surabaya, Medan, Ambon oder Makassar war das kostengünstige *Becak* besonders verbreitet. Die meisten dieser Städte entwickelten im Laufe der Zeit eine eigene Version des Gefährts. Auf Java beispielsweise nehmen zwei Fahrgäste Seite an Seite vor dem Fahrer auf einem *Becak* Platz, das vorne zwei Räder, hinten eines hat. In Medan besteht das *Becak* aus einem Fahrrad mit seitlichem Beiwagen. In Jakarta ist der Sitz des *Becak* breit genug für zwei Personen samt Gepäck, während die *Becaks* andernorts kleiner ausfallen und gerade einmal einen Passagier befördern können. Alle Becaks sind farbenfroh bemalt, und die aus Yogyakarta gelten als die schönsten.

Angesichts der zunehmenden Stadtentwicklung und dem leichteren Zugang zu motorisierten Zweirädern nehmen Bedeutung und Zahl der *Becaks* jedoch ab. Das kleine Museum im *Losari Sunset Hotel* von Kuta trägt dazu bei, dass das vom Verschwinden bedrohte Transportmittel nicht ganz in Vergessenheit gerät.

Herkunft des Wortes Becak

Ursprünglich wurde das *Becak* als *Tiga Roda* („Dreirad") bezeichnet. Mit zunehmender Beliebtheit unter chinesischen Händlern bürgerte sich das Hokkien-Wort *be-chia* („Waggon") ein, aus dem schließlich das *Becak* wurde.

Der schreckliche Vogelmarkt von Satria

Die exotischen Fotomotive auf dem Vogelmarkt von Satria mögen manche Reisende anziehen. Aber bedenken Sie das schreckliche Leid, das den Tieren dort angetan wird. Die Vögel mit dem bunt geschmücktem Gefieder und die süßen kleinen Äffchen fristen hier ein Dasein unter schlimmsten Bedingungen. Viele der Tiere werden außerdem so häufig gefangen, dass ihre Arten dadurch stark vom Aussterben bedroht sind.

Für viele Indonesier ist der Besitz seltener Vögel ein soziales Statussymbol. Dieser Brauch trägt jedoch zum Verschwinden zahlreicher Arten bei: Einem Artikel der Fachzeitschrift *Forktail* zufolge sind von den 1615 in Indonesien verzeichneten (davon 419 endemische) Vogelarten 13 vom Aussterben bedroht. Gleiches gilt für 14 Unterarten.

Dies hat weitreichende Folgen, auch für die bereits durch andere Faktoren bedrohten tropischen Wälder, weil einige dieser Vögel für die Verbreitung der Samen bestimmter Bäume verantwortlich sind.

Der Tierhandel ist in Indonesien weit verbreitet und auf dem Markt von Satria scheint keine Art zu fehlen. Von Reptilien über Flughunde, Schleichkatzen und Perlhühner bis hin zu Affen ist alles zu haben. „Wir verkaufen viele Affen aus Sumatra, weil sie auch im Erwachsenenalter noch klein und niedlich sind", erklärt ein Händler. „Außerdem beißen sie nicht so viel wie andere Affen." Wenig verwunderlich, wenn man weiß, dass einige Händler ihnen vor dem Verkauf die Zähne ausreißen.

In den letzten Jahren haben Organisationen wie die *Wildlife Conservation Society Indonesia* und die *Bali Animal Welfare Association* den Druck auf die Behörden erhöht, um diese dazu zu bewegen, dem illegalen Wildtierhandel ein Ende zu setzen, doch all ihre Bemühungen haben bislang nur an der Oberfläche eines einträglichen Geschäfts gekratzt: „Wir verkaufen hier keine Pythons, das ist illegal", erläutert ein Händler des *Satria Bird Market*. Um einen Moment später hinzuzufügen: „Wenn Sie mir aber rechtzeitig Bescheid geben, kann ich Ihnen eine besorgen."

Der Markt befindet sich im Zentrum Denpasars, entlang zweier paralleler Wege nahe Jalan Veteran. Er findet von morgens bis abends statt. Jeder muss für sich selbst entscheiden, ob er wegen eines exotischen Fotomotivs zur Qual der Tiere und der ökologischen Katastrophe beitragen will.

DAS MANGROVEN-INFORMATIONSZENTRUM

Ein Naturreservat nur fünf Kilometer vom Zentrum von Denpasar

Jalan Bypass Ngurah Rai bei Kilometer 21, Suwung Kauh, Pemogan, Denpasar
0361 726 969
Täglich von 8–17 Uhr
Eintritt: Erwachsene 200.000 RP, Kinder unter 15 Jahren frei

Schätzungen zufolge liegen 25 Prozent der 18 Millionen auf unserem Planeten noch vorhandenen Hektar Mangrovenwälder in Indonesien. Das von der japanischen Organisation für internationale Zusammenarbeit finanzierte *Mangroven-Informationszentrum* von Bali in der Nähe von Sanur wurde 2001 eröffnet und umfasst rund 100 Hektar dieses faszinierenden Ökosystems. Auf Neulinge mag dieser sumpfige Wald monoton wirken. Wer sich jedoch auf ihn einlässt und die Umgebung aufmerksam beobachtet, entdeckt eine vielfältige, bunte Fauna mit Eisvögeln, Graureihern und Waranen. An anderer Stelle finden sich Sandbänke voller Winkerkrabben und bestimmter Grundelarten, die auch an Land überleben können (und Biologen zufolge mit ihren Merkmalen auf unsere frühesten Vorfahren verweisen). Nicht zuletzt deshalb verdienen die Wälder der Region – in denen 18 von 30 indonesischen Mangrovenarten verzeichnet sind – einen Besuch.

Mangroven bilden einen natürlichen Übergang zwischen Ozean und Land. Sie bieten dem Menschen stabile Baumaterialien und Brennholz. In der Vergangenheit wurden sie jedoch im Übermaß bewirtschaftet und erst spät wurde begriffen, welch wirksamen Schutz sie gegen Tsunamis bieten. Fischen bieten die Mangroven einen Lebensraum für Jagd und Fortpflanzung. Ihre Wurzelsysteme beugen einer Sedimenterosion vor. Sie filtern die Nahrung und reichern dabei die Meeresumwelt mit pflanzlichem Material an. In dem nahe Denpasars gelegenen Wald spült die Flut allerdings leider auch tonnenweise Plastikabfälle an. Auf Standortkarten sind noch immer die Beobachtungstürme und 1,9 Kilometer langen Gitterabsperrungen des Informationszentrums zu erkennen. Die Wahrheit ist jedoch, dass viele dieser Anlagen trotz des hohen Eintrittspreises heute verfallen. Allein das verdeutlicht, wie feindselig wilde Mangroven sein können. Der „kleine Seidenreiher-Turm" bietet aus 10,45 Metern einen schönen Ausblick und von der „Seeschwalben-Hütte" aus kann man (derzeit noch!) im Schatten sitzend den Blick über den Golf von Benoa schweifen lassen, der von der 12,7 Kilometer langen Mandara-Mautstraße durchschnitten wird. Der acht Meter hohe „Nektariniiden-Turm" (eine Familie der Sperlinge) ist in bedauerlichem Zustand und die „Tigerhalstauben-Hütte" hat den Kampf gegen die Natur schon längst aufgegeben. Der „Pfad der Pistolenkrebse" ist nicht mehr begehbar. Der „Pfad der Apiculata" (einer Pflanzenart) verfällt zunehmend und verleitet den einen oder anderen Draufgänger möglicherweise zu einem kleinen Hindernislauf.

> *„Wenn Sie Meeresfrüchte essen, denken Sie an die Mangroven."*
> So die Aufschrift auf einem Schild. Und weiter: „Ohne sie wären wir bedeutend ärmer."

DENKMAL FÜR MADS LANGE

*Ein Denkmal zu Ehren eines dänischen Abenteurers
und Dalmatiner-Freundes*

Jalan Tuan Lange, Kuta, Badung

Auf dem chinesischen Friedhof am Ende der kleinen Jalan Tuan Lange steht ein weißer Obelisk, der mit seinen schwarzen Flecken an das Fell eines Dalmatiners erinnert. Er ist dem Gedenken des dänischen Abenteurers Mads Lange gewidmet, der auf der Insel Wohlstand erlangte und den Beinamen „König von Bali" erhielt. Lange kam 1839 nach Bali, nachdem er einen Großteil seines Vermögens durch die er-

folglose Unterstützung des Widerstands gegen die Niederländer, die trotz seiner Bemühungen schließlich Lombok eroberten, verloren hatte. Mit seinem feinen Gespür für gute Geschäfte gelang es ihm schon bald, Geld für die Einfuhr einer Ladung *Kepeng* aufzutreiben, chinesische Münzen, die in Bali unter dem Namen *Pis Bolong* (wörtl. „gelöcherte Münzen") bekannt und noch heute als Opfergabe begehrt sind (s. S. 20). Zu jener Zeit verfügte das Land über keine offizielle Währung und lebte wirtschaftlich in erster Linie vom Tauschhandel. Lange kam auf die Idee, seine chinesischen Münzen gegen Reis einzutauschen und wurde schon bald zum bedeutendsten Unternehmer Balis. Mit seinem Respekt gegenüber der Tradition und seinem luxuriösen Lebensstil soll er die örtlichen Rajas beeindruckt haben, die auch seinen gut bestückten Weinkeller, sein Kammerorchester und seinen Billardtisch außerordentlich schätzten.

Als Vermittler zwischen den Niederlanden und Bali gelang es ihm, einen provisorischen Frieden auszuhandeln, der von beiden Seiten gutgeheißen wurde. Durch den Handel mit Seide, Gewürzen, Kopra, Tabak, Opium, Waffen und Sklaven erlangte er Reichtum. Er unterhielt einen eigenen Harem und hatte zwei Ehefrauen – eine balinesische und eine chinesische, Ong Sang Nio.

Mehrere Faktoren führten schließlich seinen Niedergang herbei: Die Blockade des Hafens von Kuta durch die Niederländer traf seinen florierenden Handel schwer. Eine Ratteninvasion, eine Pockenepidemie und lange Trockenheit besiegelten das Ende seines Imperiums. Nach dem Rücktritt des Rajas von Kesiman plante der Geschäftsmann die Rückkehr in sein Heimatland. Diese wurde ihm aber verwehrt. Bei einem ihm zu Ehren vom Nachfolger des Rajas gegebenen Abendessen starb Lange. Verschiedenen Gäste, darunter seine damals achtjährige Tochter (die später ein Mitglied des malaiischen Königshauses heiratete und deren Sohn Sultan von Johor wurde), gaben an, er sei vergiftet worden. Ein Auftraggeber oder Täter wurde jedoch nie gefasst.

Zu Ehren von Lange wurde ein Obelisk errichtet, der 2007, zu seinem zweihundertsten Geburtstag, saniert wurde. Zu sehen sind ein *Kepeng* sowie schwarze Flecken auf weißem Grund, ein Gestaltungs-

merkmal, das auf die Leidenschaft des Dänen für Dalmatiner verweist. (Der Legende nach sollen die noch heute in der Region lebenden Dalmatiner von Langes eigenen Hunden abstammen.)

DER STRAND VON TEGAL WANGI ⑫

Tödliche Schönheit

Jalan Tegal Wangi, Jimbaran, Süd-Kuta, Badung

Tegal Wangi (in etwa „duftender Garten") ist vermutlich einer der spektakulärsten Küstenabschnitte der Halbinsel Bukit. Nur wenige kennen den gut verborgenen Ort am Ende einer gewundenen Straße, die an einem geschotterten Parkplatz neben einem kleinen *Pura Segara* (Meerestempel) endet.

Von hier aus führt links ein Pfad in die Natur. Gleich nach dem Umrunden des Tempels rauben schwindelerregende Aussichtspunkte dem Wanderer den Atem. Vom Gipfel der 100 Meter hohen Klippen präsentiert sich dem Betrachter der Blick vom Flughafen über Kuta bis hin zu den breiten Stränden von Bali in Richtung Westen. Im Südwesten ist deutlich der *Dreamland Beach* zu erkennen.

Doch die Idylle trügt, der Ort birgt viele Gefahren. Der Pfad am Rande der Steilwand ist ungesichert und sollte auf keinen Fall verlassen werden, etwa, um einen noch besseren Blick auf das Meer zu bekommen, das den Felsen tief unten mit ungewöhnlicher Wucht aushöhlt.

Tegal Wangi ist nur wenigen Insidern bekannt, die ein Bad in den vom Felsen geformten Becken genießen, die sich an ruhigen Tagen bei Ebbe in eine Art natürliche Whirlpools verwandeln. Bei weniger milder Witterung bieten sich Fotografen unvergleichliche Motive, die sich auch unter Jungvermählten großer Beliebtheit erfreuen.

Um das ganze Ausmaß der Unberechenbarkeit dieses Ortes zu begreifen, hilft ein Blick in den August 2015, als plötzlich eine 1,5 Meter hohe Welle ein chinesisches Brautpaar samt seinem Fotografen ins Meer zog. Den Männern gelang es, sich ans Ufer zu retten. Die Braut konnte ihnen mit ihrem schweren Kleid nicht folgen und ertrank. Man fand ihren leblosen Körper eine Stunde später weiter unten an der Küste.

Warum grüne Badehosen Unglück bringen

Die Göttin Nyi Roro Kidul („Königin der Südsee") hat es der indonesischen Mythologie zufolge auf Badende abgesehen. Ihr Kult geht vermutlich auf den Animismus zurück und ist noch heute sehr lebendig. So widmete Präsident Sukarno ihr sogar ein eigenes Hotelzimmer (s. S. 43). Der Legende nach soll sie Sturm und Tsunami von all jenen fernhalten, denen sie wohlgesonnen ist. Die Farbe Grün hat es ihr besonders angetan. Junge Männer in grünen Badehosen sollen von ihr auf den Grund des Ozeans gezogen werden, wo sie sie zu ihren Liebhabern macht. Wem das zu gefährlich ist, der sollte also lieber eine andersfarbige Badehose tragen...

GOA PETENG

Einer der geheimnisvollsten und verborgensten spirituellen Orte von Bali

Pura Tunjung Mekar, Jimbaran, Süd-Kuta, Badung
0822 376 0779
Täglich geöffnet – bitten Sie den Priester im Haus nebenan, Ihnen die Türe zu öffnen
Eintritt frei, Spenden willkommen

Bis in die 1970er und 1980er Jahre herrschte auf der Halbinsel Bukit nahezu unbevölkerte Wildnis. Noch heute können nur wenige Bewohner der Gegend ihre Herkunft weit zurückverfolgen. Die Familie von Pak Wayan Katjung bildet da eine Ausnahme: „Niemand erinnert sich mehr an die Zeit, als wir uns in der Gegend um Goa Peteng, hier auf Bukit niederließen", erklärt er.

Wayan ist stolzer Wächter einer Grotte, die zu den schönsten und unbekanntesten der Insel zählt. Obwohl ganz in der Nähe mehrere große Badeorte liegen, weiß kaum jemand, wie man zu dieser Höhle gelangt. Zunächst folgt man am Ende der Jalan Goa Peteng einem nicht markierten, von Korallen gesäumten Weg in westlicher Richtung. Über einen rund einen Kilometer langen Trampelpfad gelangt man zu einem einfachen Tempel, der den Eingang der Grotte schützt. Daneben befinden sich ein kleiner überdachter Parkplatz und ein bescheidenes Haus, in dem der Priester und Schlüsselverwahrer lebt. Es handelt sich hier nur um einen Teil des Besitzes der Familie von Wayan, die einen Großteil ihrer Einnahmen regelmäßig in den Erhalt dieses Ortes steckt.

„Ich werde dieses Land niemals verkaufen", so Wayan. „Als ich Geld hatte, habe ich mit einem Großteil davon einen Steg zementieren und in der Grotte eine Beleuchtung anbringen lassen." Das Licht ist defekt und auch der alte Allradwagen und das halb verfallene Gebäude, das Wayan sein „Büro" nennt, haben schon bessere Zeiten gesehen. Wer sich auf den Weg zu dem rund 150 Meter unter der Oberfläche verborgenen "See" wagt, sollte deswegen besser eine Taschenlampe dabeihaben. Der Legende nach soll es bei Ebbe möglich sein, von der Höhle über einen weiteren Gang zum Strand zu gelangen. Wayan hält das aber für Unsinn: „Man müsste mehr als einen Kilometer weit gehen", sagt er, „und überhaupt: Bei dem Wasser in der Höhle handelt es sich um Süßwasser. Es kann keine Verbindung zum Meer geben."

Schlangen hat Wayan in der Höhle bislang kaum gesichtet. Der Boden ist mit jahrzehntealten Fledermaus-Exkrementen bedeckt. Als wir dort waren, nahmen wir aufgrund intensiver seismischer Aktivität davon Abstand, unsere Expedition fortzusetzen. Wayan erzählt, dass er und sein Team schon einmal bei der Arbeit im Gang von einem Erdbeben überrascht wurden. „Wir haben uns furchtbar erschrocken, aber wir arbeiteten für die Geister der Grotte, also ist nichts Schlimmes passiert."

Auch an anderen Orten auf der Halbinsel Bukit dürfte es unzählige solcher unbekannten Höhlen geben. Jene von Goa Peteng scheint dabei bislang die einzig erforschte zu sein. Und so ist sie bis heute einer der geheimnisvollsten und verborgensten spirituellen Orte von Bali.

DER NATÜRLICHE GEYSIR VON NUSA DUA

Ein atemberaubender Eindruck von der Macht der Südsee

Benoa, Süd-Kuta, Badung

In Nusa Dua reiht sich inzwischen ein Luxusressort an das nächste. Ungeachtet dessen ist es der Natur gelungen, dieser Entwicklung zumindest ein Stück weit die Stirn zu bieten. So findet man hier unter anderem einen Geysir, der regelmäßig, einem Wal nicht unähnlich, Wasserfontänen in den Himmel jagt. In spannendem Kontrast zu dem von gepflegten Rasenflächen und Luxus-Hotels durchsetzten Ufergebiet, bläst einem dieses Naturspektakel einen (oft ziemlich salzigen) Wind ins Gesicht und verleiht Nusa Dua einen ganz besonderen Charakter. Hervorgerufen wird das auch als „Seegeysir" oder „Küsten-Souffleurkasten" bezeichnete Phänomen durch das Hin und Her des Ozeans in einem unterirdischen Stollen, an dessen Ende es formbedingt zu einer Luftkompression kommt. Einige dieser Geysire stoßen das Wasser mit Geschwindigkeiten von über 70 km/h aus. Die Fontäne von Nusa Dua erreicht nicht selten eine Höhe von mehr als vier Metern. Der Austritt liegt im äußersten Osten der Halbinsel Bukit zwischen dem *Grand Hyatt* und dem *Melia Bali*. Aufgrund seiner Lage sammelt sich in ihm die Kraft des gesamten südlichen Küstenabschnitts, dessen Strände gut geschützt hinter einem Korallenriff liegen. In den 1970er Jahren entstanden in Nusa Dua die ersten all-inclusive-Anlagen für Touristen. Seitdem wurden mehr als zwanzig Luxuskomplexe errichtet und der touristische Ausbau dauert bis heute an. Die *Gesellschaft für die Entwicklung des Tourismus in Indonesien (ITDC)* baut rund um den Geysir immer neue Unterkünfte. Wer zu der ober-

halb gelegenen Plattform gelangen will, muss zunächst mehrere Baustellen durchqueren. Bei starkem Wellengang ist auf dem Asphaltweg am Rande des Geysirs Vorsicht geboten: Die Aktivität dieses Naturschauspiels ist unberechenbar, und nach zwanzig Minuten relativer Ruhe kann jederzeit eine mächtige Eruption erfolgen.

Zimmer 327 des Grand Inna Bali Beach Hotel

An jedem anderen Ort erschiene ein Hotel wie das *Grand Inna Bali Beach* banal. Das neunstöckige Hotel ist nicht nur das höchste Gebäude von Bali, sondern verbirgt zudem ein bis heute ungeklärtes Geheimnis. (Das *Bali Beach Hotel*, wie es seinerzeit hieß, wurde 1967 fertiggestellt. 1970 erließ die Provinz ein Gesetz, das Bauten mit mehr als 15 Metern Höhe bzw. Dachkante über den Palmwipfeln verbot. Davon ausgenommen waren einzig religiöse oder öffentliche Gebäude. Das Gesetz gilt bis heute.) Das Hotel wurde während der Regierungszeit von Sukarno (s. S. 18), dem ersten Präsidenten von Indonesien, mithilfe von Ausgleichszahlungen Japans nach dem Zweiten Weltkrieg errichtet. Der frühere Präsident versprach damals, einen Gebäudeteil der mythischen Königin des Südsee, Nyi Roro Kidul, zu widmen. Als Sukarno 1967 zurücktreten musste, war das Hotel aber noch nicht fertiggestellt, und er konnte sein Versprechen nicht halten. Viele Jahre später, am 20. Januar 1993, kam es zu einem schweren Brand, gegen den die Feuerwehr zunächst drei Tage lang vergeblich ankämpfte. Als man das Gebäude schließlich betreten konnte, wurde das ganze Ausmaß der Schäden deutlich. Alle Zimmer waren zerstört – mit einer Ausnahme: Zimmer 327. Obwohl die Hitze des Feuers sogar die umliegenden Armaturen zum Schmelzen gebracht hatte, waren in Zimmer 327 selbst Vorhänge und das Plastiktelefon intakt.

Schon bald waren sich alle einig, dass die Königin der Südsee über Zimmer 327 gewacht hatte und gekommen war, sich das versprochene Zimmer zu holen. Seit jenen Tagen beherbergt das Zimmer einen Schrein zu Ehren von Nyi Roro Kidul und wurde nie vermietet. Es war uns nicht möglich, das Zimmer zu betreten. Ein früherer Mitarbeiter bestätigte uns, dass „Zimmer 327 den Brand gut überstanden" habe. Allerdings erklärte uns derselbe Mitarbeiter, der mehr als 20 Jahre in dem Hotel beschäftigt war, auch: „Ich darf Ihnen das Zimmer nicht zeigen, aber ich kann bestätigen, dass jeden Tag frische Blumen und Opfergaben hineingebracht werden."

Im Internet findet man hier und da Bilder von Zimmer 327. Von der Tapete über den Teppich bis hin zur Bettwäsche ist alles in Grün gehalten (der Lieblingsfarbe der Königin). Ebenfalls zu sehen ist ein großes Bild von Nyi Roro Kidul, das jenem aus dem *Bung-Karno-Museum* stark ähnelt.

DER STRAND VON MELASTI

Der südwestlichste Punkt Indonesiens

Melasti Beach
Ungasan, Kuta Selatan, Badung

Die Straße, die zur Südspitze von Bali führt, kann mit Fug und Recht als wohl ehrgeizigstes und überdimensioniertestes Bauvorhaben der Insel bezeichnet werden. Da diese Straße an keinen bestimmten Ort führt, stellt sich die Frage nach dem Warum. Riesige Summen wurden für eine mit Spitzkehren durchsetzte Autobahn ausgegeben, die zwischen teils 80 Meter hohen Felsen hindurchführt. Darunter verlängert ein Dammweg die Insel ohne ersichtlichen Grund um rund 200 Meter. Nur wenige Besucher machen sich die Mühe, bis zur Südspitze der Insel zu fahren. Wer es aber macht, kann sich dann damit brüsten, am südlichsten Punkt West-Indonesiens gewesen zu sein.

Möglicherweise wurde die Autobahn auch gebaut, um für Brautpaare eine romantische Strandkulisse zu schaffen, denn Tag für Tag flattern in Melasti ein gutes Dutzend Brautkleider im Wind. Das Dekor aus künstlichen Schluchten bietet Liebenden trotz Pfützen und Sand einen idyllischen Rahmen und man kann sogar Oldtimer als Requisite, passend zur romantischen Kulisse, mieten.

Wenn man darüber nachdenkt, ist das wenig verwunderlich: *Melasti Beach* ist ein absolutes Postkartenidyll (sofern es einem gelingt, die überall herumstehenden Bulldozer und Baumaschinen auszublenden, die darauf hindeuten, dass der Ausbau der Gegend noch nicht abgeschlossen ist).

Mit ein wenig Fantasie fällt es leicht, sich *Melasti Beach* mit den Augen der ersten Besucher vorzustellen. Die Wellen in der Lagune rauschen sanft über die Korallen, im weißen Sand liegen hier und da farbenfrohe *Jukungs* (kleine traditionelle indonesische Fischerboote), inzwischen die vermutlich eher als malerisches Fotomotiv denn zum Fischen dienen.

400 Meter weiter westlich stoßen Sie auf eine weitere kleine Bucht mit einigen *Warungs* (Bars und Verkaufsstände) und einer kleinen

Sonnenschirmvermietung. Manche sagen, dies sei der schönste Strand der Halbinsel Bukit. Der leuchtend weiße Sandstrand und die durch ein Korallenriff geschützte, türkisfarbene Lagune laden zum Baden und Entspannen ein. Seltsamerweise wählen nur wenige Fotografen diesen schönsten Teil von Melasti als Rahmen für ihre Aufnahmen von Brautpaaren.

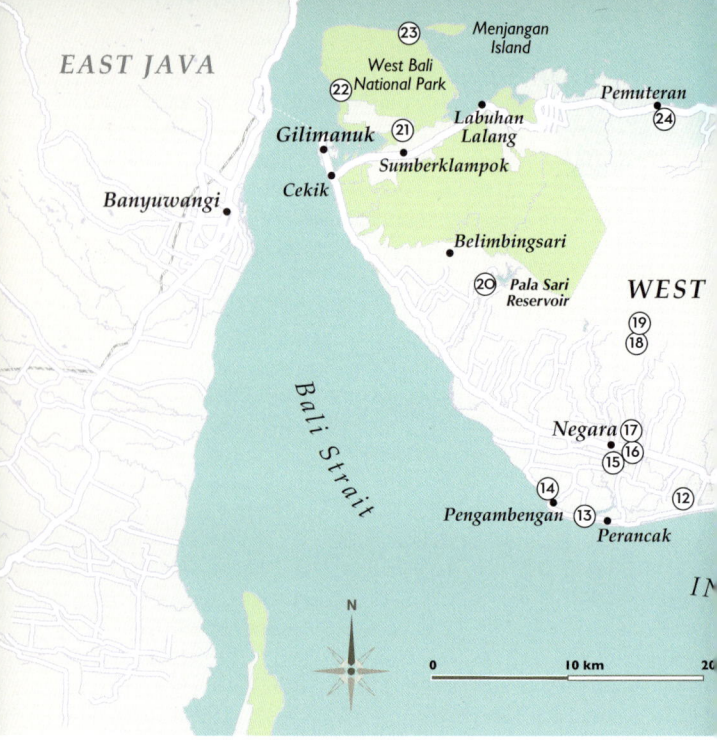

Westen

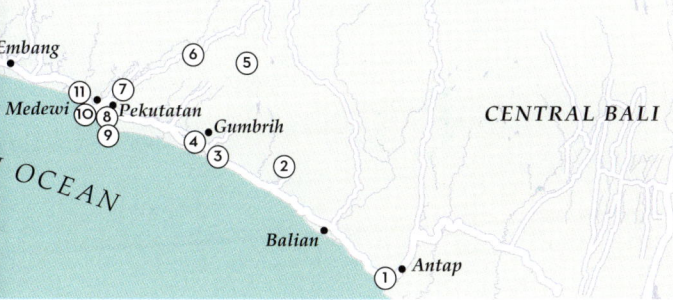

DIE REISTERRASSEN VON SOKA ①

Die schönsten (und abgelegensten) Reisterrassen von Bali

Jalan Raya Denpasar-Gilimanuk, zwischen den Dörfern Soka und Antap, Tabanan

Der Blick auf die Hügelflanken im äußersten Westen von Bali zeigt auf einer Breite von rund fünf Kilometern sanft abfallende Reisterrassen, die sich von den Hängen des Bergs Batukaru bis hin zum Strand von Soka erstrecken. Auf einem guten Kilometer zwischen dem östlichen Ufer des Flusses und dem Dorf Antap liegt ein weiterer Teil dieser Anbauflächen.

Am häufigsten besucht und fotografiert werden auf Bali vermutlich die Reisfelder von Tegalalang nahe Ubud. Diese sind zwar durchaus spektakulär, flächenmäßig (mit kaum 500 Metern Breite) jedoch gegenüber jenen von Soka eher zu vernachlässigen. Selbst die berühmten Terrassen von Jatiluwih (UNESCO-Weltkulturerbe) erscheinen im Vergleich zu den riesigen Flächen von Soka geradezu unbedeutend.

In der Sprache der Inuit gibt es bekanntermaßen rund 50 Wörter für Schnee. In Sachen Reis stehen die Indonesier ihnen da in nichts nach: Gekochter Reis heißt *Nasi*, Reis, der zum Kochen bereitsteht, wird als *Beras* bezeichnet. Hat der Reis indes die Fabrik noch nicht verlassen, ist *Padi* das passende Wort (abgeleitet aus engl. *Paddy* = Reisfeld, wofür das balinesische Wort jedoch *Sawah* lautet).

Das *Sawah* ist in ständiger Entwicklung und sieht jede Woche anders aus. Manchmal kann man beim Gang durch die Terrassen von Soka aber auch einen gesamten Zyklus beobachten. Die bereits abgeernteten Felder glänzen wie Spiegel. Andere Abschnitte ganz in der Nähe haben den für diese Getreideart erforderlichen Reifegrad von rund 90 Tagen noch nicht ganz erreicht.

Immer wieder sammeln sich ganze Vogelschwärme, um sich in diebischer Absicht auf die Pflanzen zu stürzen, was die Landwirte mit vom Wind bewegten Vogelscheuchen und herumflatternden Plastikbändern zu verhindern versuchen. Gelingt es ihnen, können sich die Erntehelfer ans Werk machen, die Jahr für Jahr, Ernte für Ernte, aus dem Osten Javas mit Fähren nach Bali herüberkommen und dort für einen Monat ihre Zelte aufschlagen. Die Unterkünfte dieser Frauen und Männer werden provisorisch aus Plastikplanen zusammengeschustert; der Verdienst liegt bei rund sechs Dollar am Tag. Die meisten wohlhabenderen Balinesen würden für ein solch lächerliches Gehalt nicht arbeiten. Von den Nachbarinseln kommen ungeachtet dessen jedes Jahr dreimal Hunderte von Saisonarbeitern zur Reisernte nach Bali.

DER *GOA MARIA*-SCHREIN VON SELABIH

Ein Schrein mit himmlischer Aussicht

Namenlose Straße, Selabih, Selemadeg Barat, Tabanan
Täglich (die Kirche ist nur sonntags geöffnet)
Eintritt frei, Spenden willkommen

An der südlichen Westküste Balis weist ein Straßenschild mit der Aufschrift *Goa Maria Selabih* den Weg zu einer kleinen, rund zwei

Kilometer höher gelegenen Kapelle. Der Hang ist so steil, dass beim Aufstieg durch Nelken- und Kakaoplantagen ein deutlicher Temperaturabfall spürbar ist. An manchen Bäumen hängen sogenannte Sapote-Früchte, auf Bali bekannt als *Sawo*. Die Sapote zählt heute zu den landwirtschaftlichen Besonderheiten von Selabih, stammt jedoch ursprünglich aus Mittelamerika und gelangte mit den Spaniern nach Asien.

Auch andere Traditionen wurden aus dem Westen an diesen Ort gebracht: Selabih ist eine der wenigen katholischen Enklaven auf Bali. Die kleine Kirche hoch oben auf dem Gipfel des Hügels bietet eine faszinierende Kombination aus christlicher und balinesischer Architektur. Die größte Überraschung erwartet einen jedoch hinter dem Gebäude. *Goa Maria* bedeutet wörtlich übersetzt „Mariengrotte" und bezeichnet einen der Jungfrau Maria gewidmeten Schrein. Umgeben von tropischer Vegetation und glitzerndem Wasser ist die *Goa Maria* von Selabih mit ihrem weiten Ausblick über die sich zur Westküste von Bali erstreckenden Palmenhaine der vielleicht schönste Marienschrein der Insel.

In Indonesien bezeichnet „Goa Maria" im Allgemeinen die Aufbauten an den Stationen eines Kreuzwegs, den Christen traditionell während ihrer Osterprozessionen gehen. Eine solche Station ist beispielsweise die *Goa Maria* Gumbrih (nur 7 Kilometer westlich von Selabih im Ort Gumbrih), aber das spektakulärste Beispiel befindet sich ein kleines Stück oberhalb der katholischen Herz-Jesu-Kirche von Palasari (s.S. 88).

Die desaströsen Anfänge des Christentums auf der Insel der Götter

Die Bemühungen, die Balinesen zum Katholizismus zu bekehren, gehen bis in das Jahr 1635 zurück, als der Raja von Klungkung die Kirche in einem Schreiben (einem in der Bibliothek des Vatikan aufbewahrten *Lontar*) aufforderte, Missionare aus der portugiesischen Kolonie Malakka auf die Insel zu entsenden. Die ihrer Religion eng verbundenen Balinesen zeigten sich aber der Missionierung gegenüber verschlossen, sodass es erst 1867 dem Protestanten Protestanten Jacob de Vroom gelang, einen Balinesen namens Gusti Wayan Karangasen auf den Namen „Nicodemus" zu taufen. 1881 schrieb de Vroom seiner Kirche, dass die „Evangelisierung von Bali sich als extrem schwierig" erwies. Noch im selben Jahr wurde der Missionar von seinem ersten, von ihm selbst getauften, Konvertiten ermordet. Der "neu wiedergeborene" Nicodemus wurde für den von ihm begangenen Mord gehängt. In der Folge war es Missionaren siebzig Jahre lang verboten, auf die Insel zu kommen. Dann aber schien die Zeit reif zu sein, und es wurden angeblich in nur 2 Jahren 115 Balinesen getauft.

DER STRAND VON YEH LEH

Mehr als 10 Kilometer einsamer, schwarzer Sandstrand

Nur wenige Surfer kommen weiter als bis nach Balian. Dabei liegt fünf Kilometer weiter westlich, an der Straße nach Gilimanuk, ein kaum bekannter Surfspot namens „Truckstop". Dieser Touristen wie Einheimischen kaum bekannte Strandabschnitt erstreckt sich über zehn Kilometer bis nach Pekutatan. An der Straße stehen hier und da ein paar Häuser, aber wegen des balinesischen Tabus, an Stränden zu leben, sind es nur wenige. Deswegen ist dieser Strandabschnitt mit seinen großartigen Wellenbrechern noch nahezu „unbesurft".

Man kann sich ein geländegängiges Fahrzeug mieten und am Strand herumfahren. Weil hier aber ein Nistgebiet für Schildkröten ist, und Fahrzeugreifen ihre im Sand vergrabenen Nester schwer beschädigen können, ist es wichtig, vorsichtig zu fahren. Natürlich ist auch die Flut zu bedenken.

Bei Sonnenuntergang, wenn sich die Vulkane von Java im feuchten Sand spiegeln, begegnen einem hier mehr Eisvögel als Menschen. Wäre der Strand weiß, befände sich hier vermutlich schon längst ein neues *Nusa Dua*. Glücklicherweise kam aufgrund des heißen, schwarzen Sands vulkanischen Ursprungs bislang noch niemand auf die Idee, diesen Ort touristisch zu erschließen, sodass der Strand seinen wilden Charakter bewahren konnte.

In einer kleinen Bucht im äußersten Westen des Strandes ist allerdings eine kleine Industrie entstanden. Ein knappes Dutzend Männer (und manchmal auch Frauen) schaufeln hier den schwarzen Sand in Körbe, die sie anschließend auf Motorrädern abtransportieren. Der Sand gilt als heilig und findet beim Bau von Tempeln und Gedenkstätten im ganzen Land Verwendung.

DAS BALINESISCHE RETTUNGSZENTRUM FÜR REPTILIEN

Eine Klinik für die balinesische Fauna

Jalan Taman, Gumbrih, Pekutatan, Jembrana
0821 4638 0270
Geöffnet 24/7 für Notfälle und Hausbesuche;
von 8 bis 18 Uhr für Besucher geöffnet
Eintritt frei, Spenden willkommen

Mein Bruder Putu hatte in einem Haus in den Hügeln eine Königskobra gefangen und brachte sie in das Zentrum", erinnert sich Kadek Ray. „Doch er rutschte aus und als er fiel, lockerte er den Druck um den Hals der Schlange. Sie biss ihn in den Finger." I Putu Agus Edi Darmawan starb innerhalb von einer halben Stunde.

Man könnte meinen, dass solche Tragödien, die immer wieder vorkommen, bei den Balinesen einen tiefen Groll gegen die Reptilien geweckt hätten. Doch weit gefehlt. Kadek Ray, Leiter des Rettungszentrums für Reptilien, ist ein leidenschaftlicher Freund dieser Tiere. 43 Schlangenarten wurden bislang auf Bali verzeichnet. In den Gehegen des Zentrums befinden sich jeweils 15 bis 20 Tiere, darunter blaue Vipern und eine fünf Meter lange Königskobra.

Gerne legt Ray den Besuchern eher harmlose Arten wie Regenbogenschlangen (*Ular Pelangi*), Teppichpythons oder eine drei Meter lange und 45 Kilogramm schwere Python in die Arme. Der Tourismus steht jedoch nicht im Mittelpunkt des Zentrums. Angesichts seiner Kompetenz wurde bereits im *Discovery Channel* über Ray berichtet, und für sein Rettungszentrum erhielt er Unterstützung vom Zoo und vom Vogelpark der Insel. Auch in Notfällen steht das Zentrum bereit und fängt Schlangen ein, die sich in Wohnhäuser verirrt haben. In der hauseigenen Krankenstation können giftige Schlangenbisse versorgt werden.

„Die Menschen vertrauen im Umgang mit Schlangen oft noch der traditionellen Medizin", erklärt Ray. „Manche glauben beispielsweise, das Gift einer (eher häufigen, rund 1,2 Meter langen) *Dendrelaphis tristis* wäre eine Art Impfstoff und lassen sich beißen." Dieser Glauben ist, so sonderbar es scheinen mag, nicht ganz unbegründet, da die Schlange für andere Arten giftig ist. „Wenn eine Königskobra eine *Dendrelaphis* frisst, stirbt sie", so Ray weiter.

Die Arbeit des Zentrums beschränkt sich nicht auf Reptilien. Während Ray vorsichtig eine Zecke aus dem Unterkiefer einer Albino-Python entfernt, füttert seine Frau ein Schleichkatzenbaby mit Bananenpüree. Auch von Händlern (s. S. 33) konfizierte Makaken bekommt man im Zentrum zu Gesicht, ebenso wie (vor der *Kopi-Luwak*-Industrie, s. S. 113) gerettete Fleckenmusangs, (für den Einsatz in der Kaffeeherstellung zu kleine) balinesische Schleichkatzen, Fledermäuse mit gebrochenen Flügeln, kleine Krokodile und ein oder zwei Stachelschweine.

Am beeindruckendsten sind aber die Königskobras. Eine von ihnen misst knapp fünf Meter, was Ray nicht daran hindert, die Käfigtür weit zu öffnen, damit Besucher den unvergesslichen Augenkontakt mit einer ihre Nackenhaube aufspreizenden Kobra fotografieren können.

JUWUK MANIS

Mini-Expedition zu einem Zwillings-Wasserfall

Manggissari, Pekutatan, Jembrana
Eintritt frei, Spenden willkommen

Der Weg zum schönsten Wasserfall im Westen von Bali führt über die kleine Ortschaft Manggissari. Verlässt man Pangyangan über die viel befahrene Straße von Denpasar nach Gilimanuk, führt an einem Abzweig eine ruhige, extrem steile Straße in das kaum erforschte Hochland des „Wilden Westens". Nacheinander kommt man an einem staatlichen Viehzuchtzentrum, halbwilden Kautschukplantagen und Gewürznelkenwäldern vorbei. Ab diesem Punkt verläuft die Straße auf einem schmalen Grat, an dem die Wände rechts und links 100 Meter tief abfallen. Hinter dem Tempel *Pura Kawitan Taman Giri* windet sich die Straße durch Kaffeefelder, um nach einer Reihe von Serpentinen schließlich das rund neun Kilometer von der Küste entfernt gelegene Manggissari zu erreichen.

Nur wenige Besucher gelangen an diesen Ort, sodass man das Auto problemlos am Straßenrand abstellen kann. Der Weg beginnt am Ende einer schmalen Gasse. Über eine steile Treppe mit 868 Stufen geht es hinunter zum Wasserfall.

Der Weg, der nach Regenfällen immer unbegehbar war, wurde kürzlich betoniert und mit einem Metallgeländer versehen. Er ist dadurch heute weitgehend sicher zu begehen. Im unteren Abschnitt besteht allerdings durch die Feuchtigkeit des umliegenden Waldes Rutschgefahr. Unterwegs lassen sich herrlich wilde Orchideen sowie Myriaden von Schmetterlingen beobachten, die durch das Unterholz flattern.

Der acht Meter hohe Wasserfall ist sicher nicht der spektakulärste von Bali. Er ist jedoch zauberhaft gelegen und angesichts der dünnen Besiedlung dieser Gegend ist das Wasser meist klar, wenngleich es nach Regenfällen bisweilen durch Lehmeintrag aus der dschungelartigen Natur eingetrübt wird. Der Wasserfall ist der ideale Ort für ein paradiesisches Bad und ein gemütliches Picknick. (Allerdings gibt es hier oben keine Einkaufsmöglichkeit, sodass Essen und ausreichend Getränke mitgebracht werden müssen.)

Seit Anlegen des befestigten Weges ist der Wasserfall leider einfacher zugänglich geworden, und manche Besucher hinterlassen überall ihren Müll. Oben, am Beginn des Weges, wurde eine Sammelbüchse aufgestellt, und man kann nur hoffen, dass zumindest ein Teil der Spenden für die regelmäßige Säuberung genutzt wird.

In der nachmittäglichen Hitze kann die rund einen Kilometer lange Wanderung etwas beschwerlich sein. Allgemein ist sie jedoch auch für weniger geübte Wanderer gut zu schaffen. Zur Motivation mag es helfen, sich auf den kleinen *Warung* am Gipfel zu konzentrieren, an dem kühle Getränke und Eis verkauft werden. Wer nicht auf demselben Weg zurückkehren will, folgt dem Panoramaweg über *Bunut Bulong*, der hinunter bis zur Küstenstraße (s. folgende Doppelseite) nach Pekutatan führt.

DIE TABUS VON *BUNUT BOLONG* ⑥

Wer traut sich, durch den Feigenbaum-Tunnel zu fahren?

Jalan Pekutatan, Manggisari, Pekutatan, Jembrana

*B*unut Bolong ist der Name eines Feigenbaums, der im Laufe der Jahre seine Wurzelbeine über die Straße geschwungen hat, die den Westen Balis von Nord nach Süd durchquert. Bei einem Kaffee an dem *Warung* am Fuße des Baums lässt es sich herrlich die Mopeds, Autos und Lastwagen beobachten, die dieses eindrucksvolle pflanzliche Denkmal durchqueren. Dabei fällt auf, dass manche Fahrzeuge um den Baum herumfahren, obwohl sie eigentlich hindurchpassen würden. Die Erklärung liegt in den Tabus, die für die Durchfahrt durch *Bunut Bulong* gelten.

„Unreinen" ist es demnach verboten, den heiligen Baum zu durchqueren. Im balinesischen Hinduismus gelten beispielsweise Mütter und ihre Babys für die ersten 42 Tage nach der Geburt als unrein. Auch Pilger auf dem Weg zu einer Zeremonie (die also noch nicht gesegnet wurden) können als unrein betrachtet werden und dürfen ebenso wie Verstorbene auf dem Weg zur Einäscherung nicht durch den Baum hindurch.

Dem einheimischen Glauben nach gilt *Bunut Bolong* als *Candi Bentar* („gespaltenes Tor" eines Tempels), das balinesische Hindus nicht ohne geeignete spirituelle Vorbereitung passieren dürfen. Ebenso gibt es viele Menschen, die diesen heiligen Baum nicht durchqueren, ohne ihm zuvor die Ehre zu erweisen.

Dieser Glauben ist bis heute lebendig, davon zeugen sowohl die neben *Bunut Bolong* abgelegten Opfergaben als auch die Tatsache, dass die kleine Straße um den Baum herum kürzlich neu gepflastert wurde. Ein weiterer Mythos, der sich um diesen alten Feigenbaum rankt, besagt, dass Paare ihn erst nach der Heirat passieren dürfen, da ihre Partnerschaft ansonsten Unglück anzieht.

Verlässt man Pekutatan und die Südküste, schlängelt sich die Straße, die *Bunut Bolong* durchquert, durch Palmen-, Kautschuk-, Kaffee-, Kakao- und Gewürznelkenplantagen (kurz nach der Ernte liegt hier der sanfte Duft der zum Trocknen ausgelegten Nelken in der Luft). Nach Passieren einer Bergkette führt sie durch mehrere Baumtunnel bis hinab in die Ebenen von Seririt an der Nordküste. Bei Sonnenaufgang zeigt sich die Straße von ihrer spektakulärsten Seite: Aus den dicht bewaldeten Tälern steigt Nebel auf, während der Duft von Räucherstäbchen die Luft durchzieht. Nahe Pupuan bietet sich Frühaufstehern der wunderschöne Anblick von Batukaru, dem zweithöchsten Berg Balis. Später am Tag wird es oft diesig und die Sicht trübt sich ein.

DIE STAATLICHE PLANTAGE
VON PULUKAN

*Die einzige balinesische Kautschukplantage aus der
Kolonialzeit*

Jalan Pekutatan, Asahduren, Pekutatan, Jembrana
*Gegen Spenden kann die Plantage auf eigene Faust besucht werden. Um den
komplexen Herstellungsprozess von Kautschuk jedoch zu verstehen, sollten Sie an
einer Führung des Puri Dajuma Beach Eco-Resort (dajuma.com) teilnehmen
Täglich von 8–17 Uhr*

Die nördlich von Pekutatan gelegene staatliche Plantage von Pulukan umfasst 800 Hektar Kautschukwälder, in denen rund um die angeblich einzige Kautschukfabrik aus der Kolonialzeit etwa 65.000 Bäume wachsen. Die Plantage wurde in den 1930er Jahren unter niederländischer Verwaltung angelegt und fiel im Zweiten Weltkrieg an die Japaner. Abgesehen von einigen kleineren mechanischen Verbesserungen hat sich hier seitdem nur wenig verändert. In der Fabrik werden täglich rund zwei Tonnen weißer Naturlatex produziert, der später zu Reifen und anderen Produkten verarbeitet wird.

113 Mitarbeiter sind in dem Werk, den Lagerstätten und Räucheranlagen beschäftigt. Arbeiter sammeln täglich die weiße Masse von ungefähr 400 Bäumen ein, deren Rinde zu diesem Zweck alle drei Tage an verschiedenen Stellen eingeschnitten wird. Der gesammelte Latex wird anschließend mit Wasser und Säure vermischt, verflüssigt und in ein riesiges Becken eingefüllt, das durch Metallplatten unterteilt ist. Nach einer Härtezeit von 24 Stunden können dicke, kissenartige Kautschukstücke entnommen werden, die anschließend in einer mechanischen Presse flachgepresst werden. Die so entstandenen Platten werden für weitere 24 Stunden aufgehängt und danach in Räucherkammern verbracht, in denen der Kautschuk vier Tage bei 60° C verbleibt. Beheizt werden diese Kammern mit Kautschukholz von Bäumen, die älter als 35 Jahre und damit zu alt sind, um noch Latex zu produzieren.

Nach Thailand ist Indonesien mit rund 3,5 Millionen Hektar Anbauflächen im ganzen Land – vor allem auf Sumatra und Java – der weltweit zweitgrößte Kautschukproduzent. Die Produktion von jährlich über drei Millionen Tonnen erfolgt hauptsächlich durch kleine Betriebe, die nach ähnlichen Verfahren arbeiten wie dem oben beschriebenen, wobei die kleinen Betriebe aber mit Handpressen arbeiten.

Kautschukbäume sind leicht anhand diagonaler Einschnitte in die Baumrinde erkennbar. Ein Spaziergang durch eine Kautschukplantage im Rahmen einer Führung durch einen fachkundigen Experten ist wirklich spannend. Die Plantagen für Kakao, Kaffee, Nelken oder Schlangenfrucht (*Salak*)-Pflanzen in diesem Teil Balis liegen in halbwilden Wäldern, in denen übrigens auch Heilpflanzen gesammelt werden.

FISCHERBOOTE AM STRAND VON PEKUTATAN

Eine eindrucksvolle Ansammlung traditioneller balinesischer Boote

Pantai Pekutatan, Jalan Pelabuhan, Pekutatan, Jembrana

Die in der Landessprache als *Jukungs* bekannten Ausleger-Fischerboote sind auf Bali keine Seltenheit. Wenige jedoch sind ähnlich beeindruckend wie jene, die an den Stränden von Pekutatan und Medewi den Wellen trotzen. Auf den Bau dieser Ausleger-Boote versteht sich heute nur noch eine Handvoll Handwerker. An dem hier beschriebenen, rund zwei Kilometer langen Küstenabschnitt können dennoch rund 150 dieser *Jukungs* bewundert werden. Wenn die schönen Boote nicht auf dem Meer unterwegs sind, werden sie an den Strand gezogen.

Mit ihren sieben Metern Länge weisen die meisten von ihnen hier noch ihr traditionelles Äußeres auf, wenngleich einige von ihnen heute von thailändischen Motoren angetrieben werden. An der felsigen und unruhigen Westküste vor Bali läge die Lebensdauer eines *Jukung* vielleicht bei zehn Jahren. Nur noch zwei Familien aus Pekutatan verfügen noch über das für den Bau dieser Boote nötige Wissen und Können – eine Arbeit, die rund einen Monat dauert und bei der fünf unterschiedliche Holzarten verwendet werden. Ein neues *Jukung* kostet rund 18 Millionen Indonesische Rupiah.

In Amed (an der Nordostküste von Bali) sind die *Jukungs* kleiner und hissen bei schwachem Wellengang noch oft ihre Segel. Die *Jukungs* in Negara tragen häufig islamische Aufbauten und in Sanur befindet sich am Bug nicht selten eine Skulptur in Form eines Marlinkopfs.

Die meisten Fischerboote in Pekutatan haben Querstangen, die in bunten Farben bemalt sind. Bei ruhigem Wetter wird ein Tuch als Sonnenschutz über die Stangen gespannt. Eigentlich soll das Boot dadurch aber vor allem so aussehen, wie einst, als sie noch als Segelboote auf dem Meer navigierten. Über dem schmalen Heckmast, genannt *Tangan Layar* (wörtl. „Hand des Segels"), befindet sich häufig eine Skulptur, die an einen angriffslustigen Hund erinnert. In Wahrheit zeigt diese Figur (genannt *Menjangan*) einen Mähnenhirsch (*Cervus timorensis*). Die Insel Menjangan, ein renommierter Tauchspot nordwestlich von Pekatan, verdankt dem Hirsch ihren Namen. Mähnenhirsche sind gute Schwimmer, und angeblich sollen sie so gut an das Leben an der Küste angepasst sein, dass sie sogar Salzwasser trinken können. Rund die Hälfte der Fischer von Pekutatan stammt aus muslimischen Gebieten. Unabhängig von der Glaubenszugehörigkeit finden sich *Menjangans* jedoch an allen *Jukungs*, sodass es diese Tradition vielleicht schon gab, bevor Hinduismus und Islam auf die Insel kamen.

„Niemand erinnert sich daran, warum das so ist", erklärt Pak Hor, Bootsbauer aus Pekutatan, während er letzte Hand an ein Boot namens *Mutiara Laut* („Perle des Meeres") legt. „Ebenso wie niemand auf das Meer hinausfahren würde, ohne die Bestätigung der Alten abzuwarten, dass es ein guter Tag wird, oder auf die nötigen Opfergaben verzichten würde, glauben viele Menschen, dass ein Boot erst dann komplett ist, wenn es durch einen *Menjangan* geschützt ist."

DAS DENKMAL NGURAH RAI

Ein Betonboot zu Ehren des Che Guevara von Indonesien

Pekutatan Beach, Jalan Pelabuhan, Pekutatan, Jembrana

Bei dem offiziell als *Monumen Pendaratan I Gusti Ngurah Rai* bekannten Denkmal handelt es sich um ein Betonboot, das an die Landung des indonesischen Unabhängigkeitshelden I Gusti Ngurah Rai (1917–1946) erinnert. Das Denkmal steht an der Stelle, an der Oberstleutnant Ngurah Rai an Land ging, um die Balinesen in ihrem Freiheitskampf zu unterstützen. Er brachte neue Kämpfer, Waffen und Munition mit, und das zu einer Zeit, als die meisten Unabhängigkeitskämpfer auf der Insel noch als unorganisierte Guerillas unterwegs waren.

Ngurah Rai wurde in Carangsari (Zentral-Bali) geboren und von den Niederländern ausgebildet, denen er zunächst als zweiter Leutnant diente. Als am 17. August 1945 jedoch die indonesische Unabhängigkeit ausgerufen wurde, gründete er die „Volkssicherheitsarmee" (Vorläuferin der *Indonesischen Streitkräfte für die Kleinen Sundainseln*) und kehrte nach Bali zurück, um sich den rund 2000 niederländischen Soldaten entgegenzustellen, die am 2. und 3. März 1946 gelandet waren. Nach endlosen Gefechten nahe Tabanan erlitten seine Kräfte durch die niederländische Luftwaffe und niederländische Truppen aus Lombok schwere Verluste. Angesichts der zahlenmäßigen und technischen Übermacht des Feindes befahl der 29 jährige Ngurah Rai einen *Puputan* (rituellen Suizid). Er starb mit 97 Soldaten, die ihm die Treue gehalten hatten. (Die Schlacht ist unter dem Namen „Schlacht von Margarana" bekannt, s. S. 220.) Ngurah Rai wurde posthum zum Brigadegeneral und 1975 zum Nationalhelden ernannt. Der internationale Flughafen von Denpasar trägt seinen Namen, und sein Antlitz findet sich auf den 50.000-Rupiah-Scheinen.

Das Denkmal wurde kürzlich saniert und neu gestrichen, weil es an seinem Standort häufig dem starken Wellengang ausgesetzt ist. Eine der Statuen war deswegen sogar schon umgekippt und lag mit dem Gesicht nach unten neben dem Denkmal. Heute werden I Gusti Ngurah Rai und seine Helden zudem in dem benachbarten Komplex von Puri Dajuma geehrt.

DER GEISTERSTRAND
VON MEDEWI

Schwarzer Sand mit wundersamen Heilkräften

Strand von Medewi, Jembrana

Surfer haben nur Augen für die Wellen und die hohen Kokospalmen an der Landspitze von Medewi. Die wenigsten von ihnen wissen, dass sie sich an einem der mystischen Orte der Insel der Götter befinden.

„Manche behaupten, hier schon einmal den Geist einer alten, weißgekleideten Frau gesehen zu haben, deren Haar bis zum Boden reichte", erzählt der örtliche Heiler Pak Nasri und fügt hinzu: „Bei Vollmond habe ich schon manchmal ein Geisterschloss zwischen den Felsen auftauchen sehen, dort, wo der Fluss ins Meer mündet."

Trotz der zahlreichen Augenzeugenberichte über Geistersichtungen (auch von Reisenden), wird der Ort als positiv spirituell beschrieben, und nicht etwa als „heimgesucht". Für die Hindus und Muslime in diesem Teil von Bali war der kleine Strand schon immer von Bedeutung. Manchmal finden hier Zeremonien statt, bei denen bis zu 200 Hindus in einer Prozession durch ein kleines Fischerdorf bis zum Strand gehen.

Auch aus umliegenden Dörfern kommen gelegentlich Balinesen hierher, die an die heilenden Eigenschaften des Sands glauben, und den schwarzen Sand zur Heilung ihres Rheumas auf ihre schmerzenden Gelenke auftragen.

Warum man nachts beim Flanieren am Strand nicht pfeifen sollte

Unter allen Inselbewohnern weltweit begegnen die Balinesen ihren Stränden vielleicht mit dem meisten Misstrauen. Der Legende nach ist die Küste Rückzugsort für böswillige Geister, und noch heute würden wohl nur wenige Einheimische gerne nach Sonnenuntergang am Strand spazieren gehen. Falls doch, so sollte man auf keinen Fall versuchen, seine Nerven durch Pfeifen zu beruhigen, denn viele Balinesen glauben noch immer fest daran, dass man durch Pfeifen böse Geister herbeiruft.

DIE ENTENZÜCHTER DER REISFELDER VON PULUKAN

Die Entenzucht auf Bali birgt viele Geheimnisse…

Pulukan, Jembrana
Von Pulukan auf der Straße nach Jalan Raya Denpasar-Gilimanuk in Richtung
Küste abbiegen. Die Reisfelder sind nicht zu übersehen

Die Reisfelder, die sich zwischen der Hauptstraße Pulukans und der Küste erstrecken, sind besonders frühmorgens und am späten Nachmittag ein spektakulär schöner Anblick. Wenn man gegen Ende einer Reisanbausaison dort hinfährt, sehen sie aus wie ein tiefgrüner Teppich, der sich zum Indischen Ozean erstreckt. Direkt nach der Ernte (wovon es 3 pro Jahr gibt) ist die Landschaft zwar weniger intensiv-grün. Dafür sieht man dann aber hunderte von Enten, wie sie quakend durch die wassergefüllten Reisfelder watscheln.

Mit ihren Schwimmfüßen belüften die Enten den Boden und ihre Exkremente fungieren als Dünger. Sie picken die letzten verbleibenden Reiskörner, Algen und Insekten auf und fressen die gefräßigen gelben Schnecken, die sich gerne über Reiskulturen hermachen (und die den Reisbauern zufolge im Laufe des letzten Jahrzehnts von Java kamen).

Wie mit so vielen Dingen auf dieser spirituellen Insel, sind hier die Enten auch mehr als einfach nur Tiere. Ihnen wohnt eine spirituelle Bedeutung inne. Die *Pegangon Bebek* („Entenzüchter") gelten daher vielen als Verkörperungen uralter magischer Kräfte. Die Stäbe (*Penyisih*), die sie tragen – traditionelle lange Bambusstangen mit Federn und einer weißen Stofffahne auf halber Höhe – wurden von Generation zu Generation weitergegeben, und viele Inselbewohner schreiben ihnen noch heute übernatürliche Kräfte zu: „Eine sittenlose oder eifersüchtige Person könnte durch Berühren des Stabes alles verderben", erklärt ein balinesischer Bauer. „Allein durch die Berührung könnte sie dafür sorgen, dass keine Ente mehr Eier legt. Schütteln kann Unheil in der Entenherde hervorrufen."

Üblicherweise werden die Enten über Nacht in einem einfachen, durch eine Plane geschützten Verschlag im Reisfeld zusammengetrieben. Die magischen Bambusstangen werden in der Nähe des Verschlags in den Boden gerammt. Fremde, die an diesen Anlagen vorbeikommen, wundern sich oft, dass die Zäune so niedrig sind. Das liegt daran, dass die balinesischen Enten im Lauf der Zeit ihre Flugfähigkeit mangels Notwendigkeit verloren haben, und hohe Zäune deswegen überflüssig geworden sind. Im Laufe der Zeit haben sich die balinesischen Enten jedoch immer mehr den Hühnern angeglichen und ihre Flugfähigkeit mangels Notwendigkeit nahezu ganz verloren.

DIE SCHREINE VON MENDAJA ZU EHREN VON DEWI SRI

Vor dem Einzug des Hinduismus auf Bali errichtete Fruchtbarkeitsschreine

Südlich von Jalan Raya Denpasar-Gilimanuk, im Herzen einer weiten Reisebene, die auf Karten als „Mendaja" verzeichnet ist (fragen Sie nach dem Weg nach Delod Brawah oder Perancak)

Schreine zu Ehren der Göttin Dewi Sri gibt es auf Bali in den unterschiedlichsten Formen und Größen. Aber die Schreine, die in den Reisfeldern stehen, datieren mit hoher Wahrscheinlichkeit vor der Ankunft des Hinduismus auf Bali. Die Schreine in den Reisfeldern der südlichen Küstenebenen von Negara haben den Vorteil, dass sie einfach zu erreichen sind. Weiter im Osten mussten die meisten von ihnen touristischen Einrichtungen weichen. An der Westküste hingegen sind weite Gebiete bis heute von der Erschließung durch findige Investoren verschont geblieben.

Die meisten Besucher denken, die Schreine in den Reisfeldern seien Ausdruck des balinesischen Hinduismus. Doch Dewi Sri ist anders. Sie ist eine alte Fruchtbarkeitsgöttin, deren Verehrung möglicherweise bis in die Anfänge des Reisanbaus in Indonesien zurückreicht (es gibt Hinweise, wonach in Sulawesi schon 3000 Jahre vor unserer Zeitrechnung wilder Reis geerntet wurde). Heute wird Dewi Sri oft mit der hinduistischen Göttin Lakshmi in Verbindung gebracht, doch die balinesischen

Reisbauern verehren die alte, geheimnisvolle Göttin noch immer auf ihre ganz eigene Art und Weise.

Die Arbeiter auf den Reisfeldern besitzen das Land, das sie bewirtschaften, in der Regel nicht. Viele von ihnen sind Pächter, die nach der Ernte und Abzug von Ausgaben den Gewinn mit den Eigentümern teilen. Nach demselben Prinzip werden die mühseligsten Arbeiten (vor allem die Ernte) oft Saisonarbeitern aus Java überlassen.

Das althergebrachte System der balinesischen Subaks

Hauptgrund für den landwirtschaftlichen Erfolg auf Bali ist und bleibt der *Subak*, eine Art Ältestenrat, der die Aktivität der landwirtschaftlichen Vereinigungen koordiniert und kontrolliert. Dieser demokratisch organisierte Rat legt genau fest fest, wann in den einzelnen Regionen gepflügt, gesät und geerntet wird. Die *Subaks* wachen zudem darüber, dass jeder den ihm zustehenden Wasseranteil erhält. Mit 1000 Jahren Erfahrung im Rücken können die *Subaks* entscheiden, welche Nutzpflanzen (Bohnen, Wassermelonen, Mais usw.) nacheinander angebaut werden müssen, um die Reisterrassen (*sawah*) zu schützen und nass zu halten. Das System der Subaks ist so erfolgreich, dass Bauern auf Java versucht haben, es zu kopieren. „Da unten hat das nicht so gut funktioniert", unterstreichen die Balinesen, „weil sich niemand um Opfergaben und Zeremonien zu Ehren von Dewi Sri gekümmert hat." Das System der *Subaks* ist seit 2012 UNESCO-Weltkulturerbe.

DIE FISCHERBOOTE
VON PERANCAK

Eine schwimmende Kunstgalerie

Ortseingang von Air Kuning, Perancak, Negara, Jembrana
Von der Hauptstraße Denpasar–Gilimanuk auf Höhe des Dorfes Tegal
Cangkring nach Süden abbiegen. Anschließend weit Jalan Sekar Jagat zwei
Kilometer in Richtung Strand folgen und nach rechts abbiegen. Von dort aus
geht es noch rund acht Kilometer auf der Küstenstraße Yeh Kuning weiter

Die Fischerboote von Perancak, die ein wenig an die *Knørrurs* der Wikinger erinnern (die im Westen oft fälschlicherweise als „Drakkar" bezeichnet werden), zählen zu den wohl spektakulärsten traditionellen Fischerbooten weltweit. Jedes einzelne von ihnen misst in der Länge rund 20 Meter. Die Masten erheben sich acht Meter hoch über das glänzende Wasser der Bucht. Ebenfalls mit den alten Schiffen der Wikinger gemein haben sie die über der Wasseroberfläche in mehreren Reihen aufgehängten Ruder – heute jedoch meist abgelöst durch bis zu 6 Dieselmotoren pro Boot – die diesen Schiffen eine beeindruckende Leistung und Manövrierfähigkeit verleihen. Die Anzahl der in bunten Farben gestrichenen traditionellen Fischkutter in diesem Bereich der Küste wird auf 150 geschätzt. Läge diese leuchtende Armada im Osten von Bali vor Anker, wäre sie schon längst eine touristische Hauptattraktion. Doch im beschaulicheren Westen der Insel wissen nur wenige Fremde um ihre Existenz.

Die unter dem Namen *Perahu Selerek* bekannten Boote fahren mit Besatzungen von bis zu zwanzig Männern zur See. Sie stammen ursprünglich aus Madura (einer Insel im Norden von Java), werden aber von den Balinesen besonders gepflegt, die für Wartung und Instandhaltung viel Aufwand betreiben.

Im Morgengrauen zeigen sie sich von ihrer schönsten Seite, denn zu dieser Tageszeit wird der tägliche Fang abgeladen. Einige Augenblicke später stehen die Lieferwagen und Mopeds vor den Konservenfabriken und den Fischmärkten Schlange.

Einer der bemerkenswertesten Aspekte der Flotte von Perancak ist, dass die *Perahu Selerek* nahezu immer paarweise vertäut werden: Der Begriff *Selerek* verweist auf die Methode des Ringwadenfischens. Das Zusammenspiel aus „männlichen" und „weiblichen" Booten spielt bei dieser Technik eine so wichtige Rolle, dass Boote, die gezwungen sind, allein zu arbeiten, im örtlichen Dialekt als *Janda* („Witwe") bezeichnet werden.

Die Besitzer sind sehr stolz auf ihre prächtigen Boote, und pflegen sie mit größter Sorgfalt. Die als belandang bekannten, bunt bemalten Bambusstangen wurden traditionell zum Trocknen der Netze genutzt. Heute dienen sie nur als Dekoration. Zudem ist der Bug der „weiblichen" Boote etwas kleiner und verfügt über einen reich verzierten Aufbau in der Art eines Thronsaals. Wo sich bei anderen Booten für gewöhnlich der Ausguck befindet, sitzt häufig (je nach Geschmack und Religiosität des Eigentümers) ein islamischer Thron mit einer muslimischen Heiligenfigur oder ein königlicher Wagen wie der, den der hinduistischen Mythologie nach Prinz Rama im Kampf gefahren haben soll.

DER HAFEN VON PENGAMBENGAN ⑭

Ein Hafen wie eine schwimmende Kunstgalerie

Jalan Raya Pengambengan, Pengambengan, Jembrana

D er Fischerhafen von Pengambengan sieben Kilometer südlich von Negara bietet ein so buntes Spektakel, dass man sich auf einem Karnevalsumzug wähnen könnte. Neben mehreren Hundert *Jukung*-Booten (deren Masten oft mit islamischen Aufbauten geschmückt sind), können Besucher hier außerdem eine beeindruckende Flotte traditioneller, bunt bemalter Holzkutter bewundern.

Einige von diesen rund zwanzig Meter langen Booten sind auch in der schönen Bucht von Perancak (s. S. 74) zu sehen. Im Hafen von Pengambengan liegen jedoch oft einhundert von ihnen vor Anker. Da sich nur selten Touristen in diese Gegend verirren, ziehen Fremde die Aufmerksamkeit der Fischer, Träger und Hafenarbeiter auf sich.

Die als *Perahu Selerek* bezeichneten Boote werden auf der Insel Madura (gegenüber der Stadt Surabaya, Hauptstadt der Provinz Ost-Java) gebaut. Ihre größte Ansammlung findet man dennoch in Pengambengan. Das Nationale Australische Meeresmuseum urteilt in einem Beitrag, dass sich an diesem Ort „die spektakulärsten traditionellen Fischerboote [befinden], die zu den wesentlichen Elementen des balinesischen Kulturerbes zu rechnen sein dürften."

Kulturell teilt sich das Gebiet zu nahezu gleichen Teilen in hinduistische und muslimische Gemeinschaften auf. Die Religionszugehörigkeit der Bootseigentümer lässt sich jedoch einfach erkennen: Muslimische Boote sind häufig mit Koranversen und Abbildungen von Gläubigen verziert, während hinduistische Boote oft über einen Ausguck in Form eines heiligen Wagens verfügen, in dem sich das wichtigste Mitglied der zwanzigköpfigen Besatzung befindet (das in der Regel sogar mehr verdient als der Kapitän). Unabhängig von der religiösen Zugehörigkeit werden alle Boote vor ihrer Jungfernfahrt aufwändigen maduresischen Zeremonien unterzogen, in denen ihnen „Leben gegeben" wird. Im Hafen selbst finden häufig weitere Rituale statt, um einen reichen Fang zu garantieren.

DIE *LOLOAN BUGIS* IM WESTEN BALIS

Eine Ansammlung ungewöhnlicher Pfahlbauten

Gang Mawar, Loloan Timur, Jembrana

Beim Gang durch die hübschen Straßen von Loloan Timur in der Nähe von Negara kann man sich nur schwer vorstellen, dass die so gastfreundlichen Einwohner des Ortes entfernte Nachfahren der berühmten *Bugis* sind, die sich mit ihren großen Segelschiffen einst als „Schrecken der Meere" einen unrühmlichen Namen machten. Die Piratengeschichten sind längst Vergangenheit, und Besucher werden nicht selten in eine der Pfahlbauten eingeladen, die für Bali eher ungewöhnlich sind. (Kopf einziehen nicht vergessen, *Bugis* sind eher klein gewachsen!)

Die *Bugis* stammen von der Insel Sulawesi (früher bekannt als Celebes). Niemand erinnert sich genau, wann die Gemeinschaft der *Bugis* in Loloan Timur entstand. Die Dorfbewohner schätzen ihr Alter auf mehr als zweihundert Jahre. In Loloan stehen noch rund dreißig traditionelle Pfahlbauten nach sulawesischer Bauart, und die älteren Gemeindemitglieder sprechen untereinander noch das alte Buginesisch. Einige der schönsten und eindrucksvollsten dieser Häuser sind heute in einer schmalen Gasse namens *Gang Mawar* („Allee der Rosen"), nicht weit von Jalan Gunung Agung, zu sehen.

Heutzutage ist es nicht mehr nötig, Häuser in diesem Teil von Bali auf Pfählen zu errichten, sodass der untere Bereich meist gemauert ist, um zusätzlichen Wohnraum zu schaffen. Die Hauptpfeiler dieser Häuser bestehen aus einem Holz, das in Indonesien unter dem Namen *Ulin* bekannt ist. Im Englischen wird es häufig als *Borneo ironwood* (*Eusideroxylon zwageri*) bezeichnet. Aufgrund seiner Härte und hohen Beständigkeit kam es lange Jahre über als Baumaterial zum Einsatz.

Im Inneren erinnern die Häuser an Schiffskabinen, was vielleicht kein Zufall ist: In Sulawesi bauten die *Bugis* große Segelschiffe aus Holz, die sogenannten *Pinisi*, und ihre Kompetenz in Sachen Schiffsbau wurde kürzlich von der UNESCO in die Weltkulturerbeliste aufgenommen. Was den üblen Ruf der *Bugis*-Piraten angeht, so lebt dieser in Erzählungen fort, bei denen sie sechs Monate vor der Ernte auf zerstörerischen Raubzügen durchs Land streiften, von  denen kein Ort bis hin zu den entlegensten Stammesdörfern von Papuas verschont blieb. Sie zählten zu den unerschrockensten Seemännern des indonesischen Archipels. Heute finden sich *Bugis*-Gemeinschaften auf vielen Inseln, wo sie, vielleicht aufgrund ihrer Pfahlbauten, oft zu Unrecht als „See-Nomaden" bezeichnet werden. Die *Bugi*-Gemeinschaft in den schönen Häusern von *Gang Mawar* zählt ganz sicher zu den faszinierendsten des Landes.

KEBUN RAYA JAGATNATHA

Ein Tempel zu Ehren einer jüngst erfundenen Gottheit

Jalan Sudirman, Dauhwaru, Negara, Jembrana

Reisende, die auf der Autobahn von Denpasar nach Gilimanuk (die zur Fähre nach Java führt) unterwegs sind, blicken häufig überrascht auf den von steinernen, acht Meter hohen Sonnen umgebenen, sowie einer Reihe von fünf überlebensgroß dargestellten Tänzerinnen verzierten Tempeleingang am Straßenrand. Die Figuren sind in verschiedenen Haltungen des Tanzes *Puspanjali* dargestellt, der 1989 erfunden wurde und oft zum Empfang hochrangiger Gäste aufgeführt wird.

Das eindrucksvolle Eingangsportal führt in den *Tempel Kebun Raya Jagatnatha*, einen Ort der Meditation. Außer an besonderen Feiertagen trifft man hier kaum auf eine Menschenseele. *Kebun Raya Jagatnatha* liegt zwar an der Verbindungsstraße von Java nach Bali, wird jedoch meist nur von Einheimischen besucht. Touristen verirren sich nur selten in die Gegend.

Wer allerdings durch das große Tor eintritt, wird belohnt mit einer Architektur, die sich deutlich von der anderer Tempel auf der Insel unterscheidet. Am Ende einer weiten Wiesen- und Gartenanlage ragt ein großes Flügelpaar aus schwarzem Stein hoch auf. Es erinnert an Garuda, ein Wesen halb Mensch, halb Adler, das als Reittier des Gottes Vishnu gilt, heute jedoch auch eines der Nationalsymbole des größten muslimischen Landes der Welt ist.

Ein großes Rundtheater führt zum Eingang in das Heiligtum des Tempels (bekannt unter der Bezeichnung *Jeroan*). Es handelt sich dabei um eine der größten dem Sonnengott Surya gewidmeten Kultstätten der Insel. Auf dem knapp zwanzig Meter über dem Innenhof des Tempels aufragenden Monument thronen obenauf ein leerer Thron und das Bild eines typischen Gottes des balinesischen Hinduismus: Sanghyang Widi Wasa, der etwa seit den 1930er Jahren verehrt wird und symbolisch für die allmächtige Göttlichkeit steht, die heilige Trinität (*Trimurti*) des Hinduismus von Brahma, Shiva und Vishnu. Das noch junge Symbol erinnert freilich an das Verfassungsprinzip Indonesiens, wonach die offiziellen Religionen auf dem Glauben an eine einzige, allmächtige Gottheit beruhen müssen. In Darstellungen treten aus den Gelenken der kleinen koboldartigen Figur stets Flammen hervor. Der andere Name dieser schwer zu definierenden Figur, Achintya, wird häufig mit „der Unbegreifliche" oder „jener, der nicht vorstellbar ist" übersetzt.

Obwohl Sanghyang Widi Wasa auf den Surya-Schreinen der meisten Tempel abgebildet ist, erhält er keine besonderen Opfergaben, hat keine Anhängerschaft, und auch keine speziell ihm gewidmeten Tempel. Dieser Ort hier mit dem „Sonnenportal" und dem „Heiligtum des Tempels" kommt einem eigens ihm gewidmeten Schrein noch am nächsten. Und doch scheint *Kebun Raya Jagatnatha* mit seinem „Sonnenportal" und seinem riesigen „Heiligtum des Sonnengottes" eine Art Tempel zu Ehren dieser rätselhaften Gottheit zu sein.

HARDYS GEISTERFLUGZEUG

Eine verlassene Boeing 737

Jl. Mayor Sugianyar, Dauhwaru, Kec. Jembrana, Kabupaten Jembrana

Wohl kaum jemand würde erwarten, auf einem Hügel rund zwei Kilometer nordöstlich von Negara auf eine Boeing 737 zu stoßen. Viele Menschen aus der Umgebung wissen nicht einmal von dessen Existenz, aber Kinder flüstern untereinander manchmal von einem „Geisterflugzeug". Am einfachsten zu finden ist es über Google Earth, wo man problemlos ein weißes Kreuz entdeckt, das sich deutlich von dem Grün der umliegenden Hügellandschaft abhebt. Obwohl diese Gegend an sich nichts Geisterhaftes an sich hat, beschleicht einen doch ein mulmiges Gefühl, je näher man dem Flugzeug kommt.

Unter den Tragflächen stehend stellt man fest, dass die Triebwerke fehlen und den Blick auf die Fahrwerkkammer freigeben. Die Kabine der Boeing 737-200, deren grünes Heck vermuten lässt, dass sie einmal im Dienst der taiwanesischen Fluggesellschaft *EVA Air Corporation* stand, ist allerdings nicht zugänglich.

Auf dem Hügel gegenüber dem Wrack wurde kürzlich ein kleiner Wohnkomplex errichtet (und, wie es scheint, direkt wieder verlassen). Möglicherweise hatte die Firma *Hardys Corp.*, Eigentümerin des Geländes, einiger Mehrfamilienhäuser und einer Holzplantage, den Plan, die Boeing als Attraktion zu vermarkten. Das Wohngebiet scheint jedoch weitgehend verlassen und wirft fast noch mehr Fragen auf als das Flugzeug selbst.

Einem der wenigen Einwohner der Gegend, Pak Mura, zufolge wurde die Boeing vor Jahren stückchenweise angeliefert und vor Ort aufgebaut. „Ich denke nicht, dass Hardys anderes im Sinn hatte, als Touristen und Hobbyfotografen anzulocken", erklärt er.

Die verlassenen Flugzeuge von Bali

Auf Bali gibt es mehrere Flugzeugwracks, die oft spektakulärer sind als das von Hardys und die Hobbyfotografen und selfiebegeisterte Touristen anziehen. Eines davon befindet sich zwei Kilometer südlich des internationalen Flughafens (in Jalan By Pass Ngurah Rai n° 63, Kedonganan, Badung) und ist seit mehr als zehn Jahren fester Bestandteil der Gegend. Eine weitere 737 liegt deutlich schwerer zugänglich in einem Steinbruch nahe der Südspitze der Halbinsel Bukit (Jalan Raya Nusa Dua Selatan, Kutuh, Kuta du Sud, Badung). Sie ist nur zu sehen, wenn man von einem der Container am Straßenrand hinunterklettert oder dem gefährlichen kleinen Weg über extrem brüchigen Fels hinab in den Steinbruch folgt. Gerüchten nach sollen balinesische und australische Unternehmer die Idee gehabt haben, diese verlassenen Flugzeuge in Restaurants, Bars oder Ferienunterkünfte umzuwandeln. Für den Moment jedoch scheinen sie dazu verdammt, schlicht die geheimnisvollen „Geisterflugzeuge" von Bali zu bleiben.

BATU BELAH

(18)

Der gespaltene Fels

Dewasana, Pendem, Jembrana

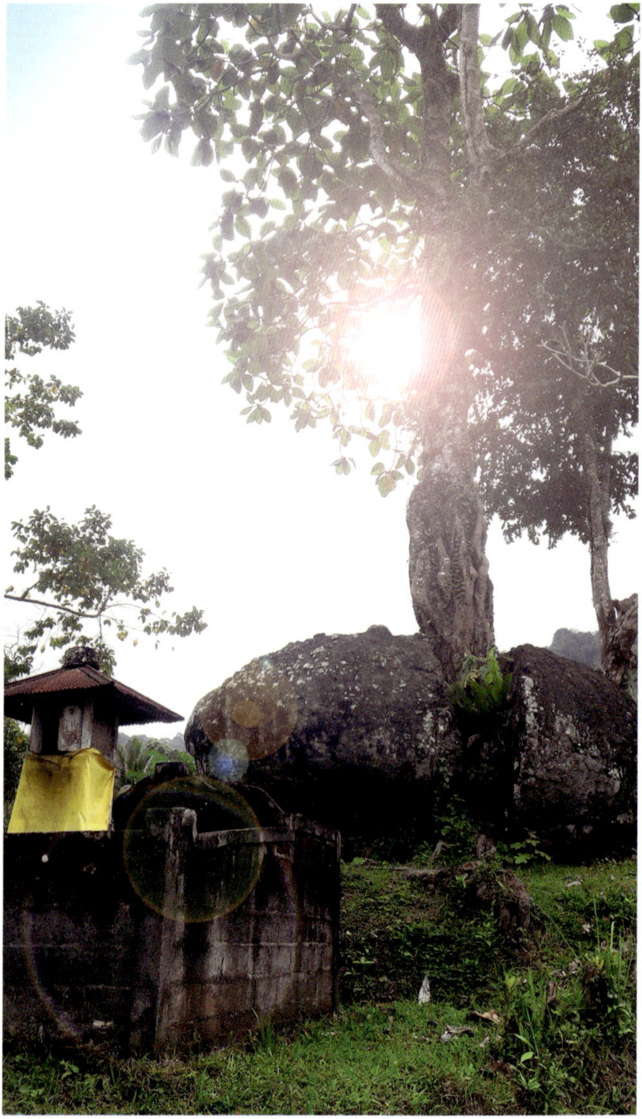

Der balinesischen Philosophie zufolge existieren Dinge nur als Teil eines ausgewogenen Systems. Hier, im Zentrum des größten Inselstaates der Welt, und auf einem besonders feurigem Teil des Pazifischen Feuerrings, kämpfen Feuer und Wasser permanent um Dominanz. Auch der Kampf zwischen Holz und Fels ist auf Bali Gegenstand von Faszination, und vielen Bewohnern der Insel gelten die mächtigen *Beringins* („felsenfressende Feigenbäume") als heilig.

Ein eindrucksvolles Beispiel dieses Glaubens liegt sechs Kilometer nördlich des Stadtzentrums von Negara, wo man den Beweis dafür vorfindet, dass Holz Stein besiegen kann. Neben einem kleinen Schrein am Rande einer schönen Bergstraße liegt ein massiver, eiförmiger Felsblock mit einem Gewicht von gut und gerne fünf Tonnen, der wirkt, als sei er von einer Riesenaxt in zwei Teile gespalten worden. Die enorme Kraft, die für diese Spaltung aufgebracht wurde, stammt dabei von nichts weiterem als einem besonders entschlossenen Feigenschössling. Einheimische berichten, dass dieser Kampf so alt sei, dass niemand sich mehr daran erinnert. Das Alter des Baumes ist nicht mehr zu bestimmen.

Der älteste Feigenbaum Balis ist die Trauerfeige (*Ficus benjamina*) im Tempel von Kehen in Bangli, die von Experten auf mehr als 700 Jahre geschätzt wird. Trauert sie vielleicht, weil es ihr nach all dieser Zeit noch immer nicht gelungen ist, einen Stein zu teilen ...?

IN DER UMGEBUNG
Puncak Mawar ⑲

Rund einen Kilometer nördlich von Batu Belah liegt mit Puncak Mawar ein wirklich außergewöhnlicher Ort. Diesen Gipfel mit dem Auto zu erreichen ist eine Herausforderung: Bali ist für seine manchmal fast senkrechten Straßen berühmt. Diese hier zählt dabei sicherlich zu den einschüchterndsten.

Wer mit dem eigenen Wagen gekommen ist, lässt sich deswegen am besten für rund 50.000 Indonesische Rupiah von einem Fahrer (beim kleinen *Warung* am Straßenrand gegenüber von Bau Balah) zu dem kleinen Parkplatz bringen, von wo aus es nur noch wenige Gehminuten bis hinauf zum Gipfel sind. Der Puncak Mawar bietet eine fantastische

Aussicht über die Wälder und Terrassenfelder rund um Negara. Rund um den Gipfel wurden kürzlich für die Instagram-Generation ein paar Selfie-Spots wie diese Bambus-Brücke geschaffen.

DIE KATHOLISCHE
HERZ-JESU-KIRCHE

Das architektonische Wunder des „christlichen Herzens" von Bali

Jalan Dusun Palasari, Ekasari, Melaya, Jembrana
0812 364 6211
Täglich von 8–17 Uhr

Im östlichen Teil von Bali entfaltet der Beiname „Insel der Götter" seine ganze Bedeutung. Die Bevölkerung der Region setzt sich überwiegend aus muslimischen Einwanderern aus Java und Madura zusammen und beherbergt auch viele hinduistische Dörfer, die sich ihre Traditionen bewahrt haben. Eher unerwartet finden sich in der Gegend aber auch einige katholische und protestantische Gemeinden, deren Ursprung bis in die Kolonialzeit zurückreicht. Verlassen Sie westlich von Negara (Hauptstadt der Provinz Jembrana) die Hauptstraße nach Blimbingsari und fahren Sie rund drei Kilometer weiter nach Norden. In der kleinen Ortschaft Palasari erhebt sich vor der eindrucksvollen Kulisse des Dschungels die Fassade der Heilig-Kreuz-Kirche. Der 1958 fertiggestellte Bau hat fraglos das Zeug zur Touristenattraktion. Von den rund 1300 Gläubigen der Gemeinde von Pater Adi Harun gehen jeden Sonntag 700 bis 800 Gläubige zur Messe – eine Zahl, die selbst in erzkatholischen Ländern Neid erregen würde. An Ostern und Weihnachten drängen sich sogar Tausende in die Kirche, und die achtzehn unter gotischen Spitzbögen angeordneten Bankreihen sind überfüllt.

Um zusätzliche Sitzplätze zu schaffen, werden dann im Schatten der Bäume Plastikstühle aufgestellt. Obwohl es sich um katholische Zeremonien handelt, sind auch zahlreiche Menschen in *Pakaian Adat* (traditionelle balinesische Tempelgewänder) und viele hinduistische Opfergaben zu sehen. All das, wie auch die Verwendung vertrauter balinesischer Architekturelemente waren Teil der Strategie der katholischen Kirche, potentiell empfänglichen Hindus den Katholizismus schmackhafter zu machen.

Die Nachbargemeinde Blimbingsari hingegen ist schon lange protestantisch geprägt. Wenn auch weniger verwegen als die Kirche von Palasari, verbindet diese Kirche auf durchweg spektakuläre Weise Elemente christlicher und hinduistischer Architektur.

Am Eingang tritt man durch ein „gespaltenes Tor" (*Candi Bentar*), das den Geist reinigen soll, und daran anschließend führt der Weg um eine Trennmauer (*Aling-Aling*) herum, die bösen Geistern den Zutritt verwehren soll. Die Kirchenglocke wurde durch einen mit typisch balinesischen Motiven verzierten ausgehöhlten Baumstamm, den sogenannten *Kulkul*, ersetzt.

DAS VOGELAUFZUCHTZENTRUM 21
VON TEGAL BUNDER

Schutzort für einen der seltensten Vögel der Welt

West Bali National Park, Sumber Klampok, Buleleng
Täglich von 8–17 Uhr
Die Preise beginnen bei 750.000 Indonesische Rupiah für eine zweistündige
Wanderung (Ermäßigungen für Besucher, die nur das Aufzuchtzentrum sehen
möchten)

Nur wenige Besucher treten durch die Tore des West Bali National Park (s. folgende Doppelseite). Wendet man sich am Küstenweg nach links, steht man plötzlich vor einem Gelände, das mit Stacheldraht abgesperrt ist und von bewaffnetem Sicherheitspersonal auf Türmen bewacht wird. Es handelt sich bei dieser Anlage um ein Aufzuchtzentrum für einen der seltensten Vögel der Welt, dessen Mitarbeiter Interessenten (vor allem jenen, die ein *Uang Merokok*, ein Trinkgeld, bereithalten) trotz der strengen Sicherheitsvorkehrungen gerne die Tore öffnen.

Der Balistar (*Leucopsar rothschildi*) wurde 1910 von dem englischen Ornithologen Lord Walter Rothschild entdeckt. Sein Gefieder ist weiß, die Augen weisen eine dunkelblaue Umrandung auf. Aufgrund ihrer Schönheit und Seltenheit zieht die Art aus der Familie der Stare Sammler aus der ganzen Welt an, umso mehr, als der *Jalak Bali* (so sein lokaler Name) 1991 zum offiziellen Symbol der balinesischen Fauna erklärt wurde und seitdem auch auf den 200-Rupiah-Münzen abgebildet ist. Ab den 1970er Jahren gelangten Hunderte von Exemplaren dieser Art in die USA und nach Europa. Nur wenige von ihnen überlebten lange genug, um sich auch in Gefangenschaft fortzupflanzen. Stare sind sehr gesellige Vögel. Wahrscheinlich konnten viele von ihnen der abrupten Veränderung ihrer Lebenswelt nicht standhalten und starben an Einsamkeit.

Weniger als ein Jahrhundert nach ihrer ersten Sichtung durch Rothschild existierten Schätzungen zufolge nur noch fünf wildlebende Balistare. Ein Paar dieser Vögel wurde auf dem Schwarzmarkt für mehr als 2000 US-Dollar gehandelt.

Die Forststation von Teluk Brumbun (s. S. 94) gegenüber von Tegal ist mit dem Boot erreichbar und der einzige Ort weltweit, auf dem Balistare noch in ihrer natürlichen Umgebung beobachtet werden können. Auf der kleinen Insel Nusa Penida östlich von Bali wurden mehr als 100 Exemplare ausgewildert. Heute leben dort über 250 dieser Vögel, die noch immer als stark vom Aussterben bedroht gelten, und können in den großen Volieren von Tegal Bunder bewundert werden. Die Balistare des Zentrums werden von einem fünfköpfigen Expertenteam kontinuierlich überwacht und gepflegt, beschützt von sieben bewaffneten Wachleuten. Und auch nach ihrer Entlassung in die Natur stehen die Vögel weiterhin unter dem Schutz bewaffneter Wachleute, die an verschiedenen Orten des Reservats postiert sind.

DIE HALBINSEL PRAPAT AGUNG

Die einzigartige Chance, im balinesischen Busch am eigenen Steuer auf Safari zu gehen

West Bali National Park, Sumber Klampok, Buleleng
Täglich von 8–17 Uhr
Ermäßigung für Selbstfahrer

Rund fünf Kilometer östlich von Gilimanuk führt an der Straße nach Singaraja eine kleine Kurve nach Norden zu einem Posten der Forstwache des *West Bali National Park*. Von dort aus geht es über eine einfache Piste etwa zehn Kilometer durch den Urwald, bis kurz hinter Teluk Lumpur (der „schlammigen Küste") ein weiterer Forstposten in Richtung Pura Prapat Agung, einem der entlegensten Tempel der Insel, erreicht ist.

Während der Regenzeit sollte man diese Piste meiden. Bei normaler Witterung ist sie jedoch mit ein wenig Vorsicht für die meisten Fahrzeuge zu bewältigen. Nur wenige Besucher fahren die Strecke bis zum östlichsten Punkt Balis. Die Parkbehörde hat deswegen wohl in einem Versuch, ihre Einnahmen zu erhöhen, den Eintrittspreis erhöht. Normalerweise darf man den Park mit dem eigenen Fahrzeug befahren. Weil es nur eine Straße gibt, ist es unmöglich, sich zu verfahren. Wer hier eine Panne hat, muss natürlich lange auf Hilfe warten.

An diesem Ort ist es bisweilen schwer vorstellbar, dass man sich auf einer oft als „überbevölkert" bezeichneten Insel befindet. Das Einzige, wovon es hier viele gibt, sind Makaken und Mähnenhirsche (*Menjangan*). Ebenfalls zu sehen sind, wenngleich weniger häufig, Wildschweine (die hier wie große Warzenschweine aussehen), Zwergmuntjaks aus der Familie der Hirsche (*Muntiacus reevesi*), Rieseneidechsen, Fledermäuse und Java-Languren (Affen, die auch als schwarze Haubenlanguren – *Trachypithecus auratus* – bezeichnet werden), die einer vermutlich endemischen Unterart angehören.

Man braucht in etwa eine Stunde mühseliger Fahrt im ersten Gang durch steiles Gelände bis zum Tempel Pura Prapat Agnung, den man aber nicht besichtigen darf. An der bewaldeten Küste können Besucher – mit ein bisschen Glück von Riedeneidechsen über Flughunde und Schwarze Affen (*Monyet Hitam*) bis zu Pythons viele Tierarten sehen.

Die Halbinsel Prapat Agung ist geprägt von trockenen, staubigen Wäldern, die mit den nebelverhangenen, feuchten Wäldern kontrastieren, die Berge im westlichen Teil der Insel bedecken. Nicht zuletzt deshalb hat dieses unberührte Stück Natur unbedingt einen Besuch verdient.

DIE FORSTSTATION VON TELUK BRUMBUN

Erkundung des natürlichen Lebensraums der seltensten Vögel der Welt

West Bali National Park, Prapat Agung, Buleleng
Täglich geöffnet
Der Eintritt ist an der Mole von Labuhan-Lalang zu entrichten (neben der Straße nach Gilimanuk/Menjangan.)
Der Mietpreis für ein Boot nach Menjangan liegt in Labuhan Lalang bei 600.000 bis 700.000 Indonesische Rupiah. Etwas günstiger kommt man weg, wenn man die Insel im Rahmen einer Tauchexkursion besucht (Teluk Brumbun liegt nur 200 Meter von den Riffen der Insel Menjangan entfernt). Wer mag, kann dort gegen eine Spende an die Forstwächter sogar sein Zelt aufschlagen (rund 50.000 bis 75.000 Indonesische Rupiah pro Person)

Balistare (*Leucopsar rothschildi*) mit ihrem weißen Gefieder und den dunkelblau umrandeten Augen zählen zu den seltensten Vogelarten der Welt. Mehrere Gruppen dieser Starenart konnten künstlich wieder angesiedelt werden; Teluk Brumbun ist der einzige Ort Balis, an dem sich die seltenen Vögel noch fortpflanzen konnten. Bis vor Kurzem gab es nur noch fünf wildlebende Exemplare des Balistars, aber inzwischen gibt es rund um Teluk Brumbun wieder mehr als zwanzig von ihnen. In einer zehn Meter hohen Voliere finden Neuankömmlinge aus dem Aufzuchtzentrum von Tegal Bunder (s. S. 90) Platz.

Teluk Brumbun ist im Allgemeinen eher unbekannt, selbst unter den Fremdenführern und Schiffern, die Tag für Tag Taucher von der Mole von Labuhan Lalang zu den Riffen der nur 200 Meter von Teluk Brumbun entfernten Insel Menjangan bringen. Bei einem Besuch auf Menjangan lässt sich problemlos ein Abstecher zum Nationalpark einlegen, in dem sich die lokale Fauna vermutlich am besten beobachten lässt.

Trekking in und um den West Bali National Park

Der *West Bali National Park* bietet dreistündige Wanderungen an. Aber man kann auch schon in der Umgebung der Forststation von Teluk Brumbun (die hier *Menjangan* heißen), Makaken, seltene Java-Languren, Wildschweine, Schleichkatzen und Warane beobachten.

Woher stammt der wissenschaftliche Name des Leucopsar rothschildi?

Die Herkunft des wissenschaftlichen Namens des Balistars ist bis heute umstritten. Fest steht, dass der Zusatz „*rothschildi*" auf den Engländer Lord Walter Rothschild zurückgeht, der sich Zeit seines Lebens mehr für die Natur als für die Finanzwelt interessierte. Manche Quellen geben an, Rothschild habe selbst einen dieser Vögel gefangen, andere wiederum verweisen diesbezüglich auf den Ornithologen Erwin Stresemann, der seinem Fang daraufhin den Namen seines Mäzens gab. Letzteres scheint die verlässlichere Version der Geschichte zu sein. Dem *Natural History Museum* von Tring zufolge, das Walter Rothschilds Vater errichten ließ und seinem Sohn zum 21. Geburtstag schenkte, soll Walter Rothschild den größten Teil seines Lebens in dieser Kleinstadt zugebracht haben. Er beschäftigte mehr als 400 Sammler und trug eine Sammlung von rund 300.000 Vögeln zusammen.

SALZKRISTALLPYRAMIDEN AUS BALI

Ein großartiges Souvenir

Jalan Kresna, Pemuteran, Buleleng
Täglich von 8–19 Uhr; das Werk ist sonntags geschlossen

In einer schmalen Gasse nahe der Hauptstraße nach Pemuteran liegt ein kleines Geschäft, das eine erstaunlich große Auswahl an Salzen wie schwarzes Salz mit Holzkohle, Kurkuma-Salz, Hibiskus-Salz oder geräuchertes Salz führt. Manche Sorten sind fein gemahlen, andere werden in gröberer Körnung angeboten. Wieder andere sind als unraffiniertes Natursalz in Pyramidenform erhältlich.

„Ich weiß nicht, wie oder warum diese Pyramiden entstehen, ich weiß einfach nur, dass es so ist", erklärt I Made Gelgel, Geschäftsführer des kleinen Werks im Norden Balis. „Das Salz verdichtet sich in Form einer Pyramide mit quadratischer Basis, aber manchmal formen sich, wenn es besonders trocken war, Kristallklumpen, die ein bisschen wie Scrabbel-Steine aussehen."

Das kleine Salzwerk liegt nicht weit vom *Bali Salt Shop* entfernt und lohnt den Umweg. Auch außerhalb der Öffnungszeiten führt Made Gäste dort gerne herum. Das Salz, das hier verarbeitet wird, stammt aus der benachbarten Ortschaft Pejarakan (Madurese), wo seit Generationen Salzwiesen bewirtschaftet werden.

In dem kleinen Salzwerk auf Bali wird Meersalz zunächst in Süßwasser aufgelöst und anschließend mehrere Tage lang in einem Becken belassen. Unreinheiten setzen sich dort am Boden ab. Das Salzwasser wird anschließend in flache, schwarze Kunststoffbehälter gefüllt, die vier Tage in einer Art Gewächshaus gelagert werden. Die Temperaturen in diesem ausschließlich durch die Sonne beheizten Raum erreichen bis zu 78° C. In dieser Sauna entstehen mit zunehmender Wasserverdampfung die besagten Salzpyramiden. Nach Abschluss dieses Prozesses wird das Salz aus dem Raum herausgeholt, von Hand in Granulate und Pyramiden unterschiedlicher Größen sortiert und von einem Mitarbeiter nach Art der Goldwäscher gesiebt. Ist die Sortierung beendet, filtern Frauen das Salz ein weiteres Mal, um verbleibende Unreinheiten zu entfernen. Anschließend wird das wertvolle Gut verpackt. Die Aromen (wie Kurkuma, Hibiskus oder Holzkohle) werden im Laufe der Verdampfung des Meerwassers im Gewächshaus hinzugefügt. Das geräucherte Salz erreicht sein volles Aroma so erst nach zwei Tagen im Kokosnussschalenrauch. Heraus kommt ein köstlich schmeckendes Salz, das sich wunderbar als Souvenir eignet.

DIE SARKOPHAGE VON PANGKUNG PARUK

Letzte Ruhestätte der ersten Balinesen

Jalan Pangkung Paruk, Pangkung Paruk, Seririt, Buleleng
In Tegallengah von der Hauptstraße Singaraja–Gilimanuk rund 800 Meter in
Richtung Jalan Yudistira fahren. Das Gebäude mit den Sarkophagen liegt dann
auf der rechten Seite
0812 5288 2110
Täglich geöffnet; Eintritt frei, Spenden willkommen

Eines Tages im Jahr 2014 entdeckte der Reisbauer Pak Wayan aus Pangkung Paruk bei der Arbeit auf seinem Feld zufällig vier steinerne Sarkophage, die rund zweitausend Jahre unberührt unter der Erde gelegen hatten. Interessant ist, dass dieser so bedeutende Fund, der inzwischen weithin bekannt ist (jeder Einheimische kann den Weg zu der Stätte genau erklären) dennoch neben dem Haus des Reisbauern offen zugänglich ist. Ganz im Sinne des Respekts, den Balinesen ihren Ahnen allgemein entgegenbringen, sind die Sarkophage heute heilige Reliquien, denen regelmäßig Opfergaben dargebracht werden. Besucher dürfen sie zwar fotografieren, aber nur von Außen. Niemand weiß, wer konkret sich in den Sarkophagen befindet, aber es waren mit ziemlicher Sicherheit waren Angehörige eines Königshauses. Zwei in den Gräbern gefundene Bronze-

spiegel wurden auf das erste Jahrhundert nach Christus datiert. Einige der in den Grablegen ebenfalls gefundenen Perlen stammen wohl aus Indien, und Archäologen der Universität Cambridge halten die Funde an diesem Abschnitt der balinesischen Küste für den Beleg der Existenz von Handelsrouten nach Indien im ersten Jahrtausend vor unserer Zeitrechnung. Der passionierte Erforscher der kulturellen Beziehungen zwischen Indien und Südostasien, Shyam Saran, sorgte mit seiner Vermutung für Aufsehen, bei zweien (der insgesamt vierzig) Perlen könne es sich angesichts ihres besonderen Stils um den ältesten Nachweis dafür handeln, dass zwischen der römischen Zivilisation und den prähistorischen Volksstämmen der südostasiatischen Inseln Beziehungen bestanden.

Der Nordwesten Balis war vor rund 2000 Jahren möglicherweise ein bedeutendes Handelszentrum, denn viele der Perlen und Objekte aus Glas, Kupfer, Bronze und Eisen, die in den Gräbern gefunden wurden, hätten auf der Insel zu dieser Zeit nicht hergestellt werden können. Rund 60 Kilometer von Pangkung Paruk entfernt wurde in Cekik an der Westküste (nicht weit von Gilimanuk) eine kleine prähistorische Stadt entdeckt. Der Fund umfasst mehr als 100 vollständige menschliche Skelette aus dem Neolithikum. Das archäologische Museum Manusia Purba von Gilimanuk zeigt einige faszinierende Objekte, meistens aber leider ohne englische Übersetzung.

Allem Anschein nach liebten die ersten Balinesen ihre Tiere sehr. Ebenfalls in Cekik wurden Gräber für Hunde, Pferde und Hühner gefunden, sowie das Skelett eines Mannes, der mit seinem Hund bestattet wurde.

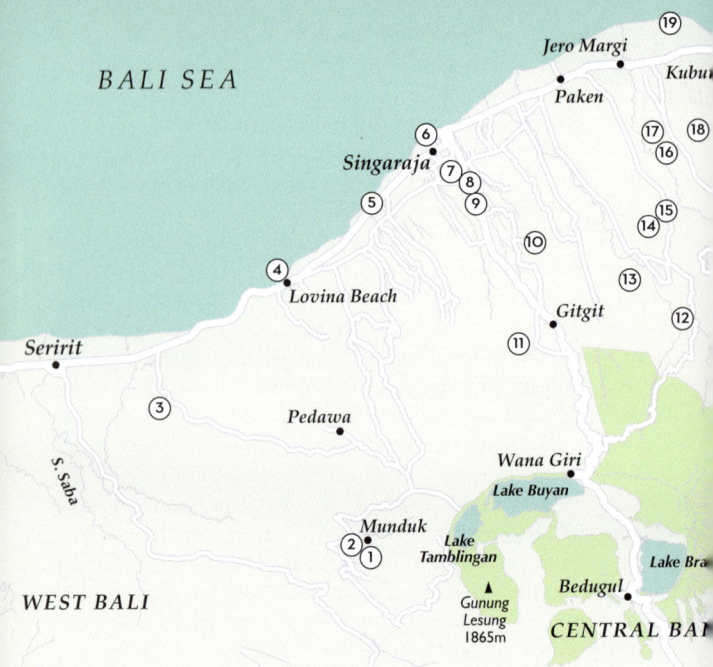

Norden

0   5 km   10 km

N

Alas Sari

㉑

Bondalem

BALI SEA

Madenan

Sambirenteng

Tembok

Mengening

Batur volcano
outer caldera rim

Satra

H BALI

Sungai kering

㉑

Tianyar

Mount Batur
1717m ▲

Lake Batur

Kintamani

EAST BALI

Penelokan

Suter

DIE HORTENSIENFELDER VON MUNDUK

Blumenanbau zu Ehren von Vishnu

Jalan Kayu Putih—Munduk, Munduk, Buleleng

Bali blickt auf eine jahrtausendealte Geschichte zurück. Die fruchtbaren, häufig dunst- und wolkenverhangenen Hänge von Munduk auf den Hochebenen der Insel jedoch werden erst seit zwei oder drei Jahrhunderten landwirtschaftlich genutzt. Bei einer Durchschnittstemperatur von 20° bis 25° Celsius eignet sich die Region besonders gut für den Anbau von Hortensien.

Der Legende nach sollen die ersten Bewohner von Munduk vor einer Ameisenplage geflohen sein. Vor zwei- oder dreihundert Jahren sollen dann mehrere Clans aus Klungkung hierher übergesiedelt haben, und fällten Teile des Waldes, um Reis anzubauen. Als schließlich die Niederländer die Herrschaft über den Norden Balis übernahmen und Munduk Ende des 19. Jahrhunderts „entdeckten", fällten sie noch mehr Wald und begannen, Kaffee, Kakao, Vanille und Nelken anzubauen.

Heute finden sich anstelle dieser Kulturen die deutlich rentableren, leider aber auch für die Umwelt schädlicheren, Hortensien: Rund um Jalan Kayu Putih-Munduk, zwischen Munduk und dem Tamblingan-See, sind die weiten blauen Flächen nicht zu übersehen.

Hortensien (*Pecah Seribu* auf Indonesisch) sind zentraler Bestandteil der als *Canang Sari* bezeichneten Opfergaben, die einem oft in Tempeln, Heiligtümern und Häusern der Insel begegnen und für die aus einem Palmblatt eine Art Schale geformt und mit Blüten gefüllt wird.

Wie fast alles, was auf Bali mit dem Hinduismus in Zusammenhang steht, sind auch die *Canang Sari* von hoher symbolischer Bedeutung. Es geht dabei um das *Nawa Sanga*, ein komplexes Mandala, das das balinesische Universum darstellt. Das Nawa Sanga besteht aus acht Kardinalpunkten und einem Zentrum, jeweils besetzt mit einer Gottheit.

Die vier Kardinalpunkte des Canang Sari stehen für Vishnu, Mahadewa, Brahma und Ishvara. Vishnu, der Beschützer, steht im Norden und wird durch blaue Blüten (meist Hortensien) symbolisiert. Mahadewa, der große Gott, befindet sich im Westen. Seine Farbe ist Gelb. Brahma, der Schöpfer, steht im Süden und wird durch die Farbe Rot repräsentiert. Ishvara, eine Manifestation von Shiva, besetzt den Osten. Seine Farbe ist Weiß. Die „Blume" von Shiva, dem Zerstörer, ist *Bunga Rampai*, eine Komposition aus Farben oder feinen Blättern der Pandan-Palme.

All diese Traditionen erinnern an alte Bräuche. Die heute in Munduk angebauten Hortensien finden Verwendung bei der Herstellung von *Nawa Sanga*. Ihre Vorfahren nutzten die Pflanze dagegen, um ihre Reisanbauflächen auszurichten. So wurden die ersten neun Reispflänzlinge nach dem Muster des *Nawa Sanga* eingesetzt. Dieses Vorgehen ist noch heute nicht unüblich und kann auf den Plantagen der Insel beobachtet werden.

DIE KOLONIALBAUTEN VON MUNDUK

Sommerhäuser aus der Feder indo-niederländischer Architekturgrößen

Jalan Kayu Putih-Munduk, Munduk, Buleleng
Das älteste Haus liegt rund 50 Meter unterhalb des Hügels (auf der rechten Seite) dort, wo Jalan Pura Puseh auf Jalan Kayu Putih-Munduk trifft
Kontaktieren Sie den Fremdenführer Nyoman, der auf Munduk spezialisiert ist
0857 3266 0128

Als die Niederländer den Norden von Bali beherrschten, bildete die Hafenstadt Singaraja das Zentrum für Handel und Verwaltung. Viele Kolonisten ließen sich aufgrund der angenehmeren Temperaturen jedoch Zweitwohnsitze in den bewaldeten Hügeln von Munduk errichten. In Städten wie Jakarta, Surabaya und Yogyakarta sind noch viele Kolonialbauten zu sehen. Auf Bali hingegen begegnen sie einem nur selten, da sich die Niederländer hier erst später niederließen. In Munduk können aber noch heute fünf Häuser aus jener Zeit bewundert werden. Sie zeugen von der Entwicklung des indo-niederländischen Baustils, der durch hölzerne Säulen, tiefe Veranden, lange Vordächer und große, luftdurchlässige Fenster gekennzeichnet ist.

Das älteste Haus von Munduk wurde um 1890 erbaut und gehört noch immer der Familie, von der die Niederländer damals das Grundstück gepachtet hatten. Das prachtvolle Gebäude verfügt über doppelte Mauern, neoklassische Säulen und zahlreiche handgefertigte, typisch balinesische florale Motive sowie schöne Fenster. „Das hier verwendete Teak-Holz ist sehr robust", erklärt Nyoman, der sich schon immer für die Kolonialbauten seines Dorfes interessierte. „Es stammt aus den Wäldern oberhalb von Munduk, obwohl damals Tiger darin gelebt haben sollen."

Andere Häuser in Munduk geben ebenfalls einen Einblick in die Entwicklung des indo-niederländischen Baustils: Auf dem Gelände des *Pura Sunny Hotels* steht eine Replik eines niederländischen Hauses, bei dem es sich um eines der ersten dieses Stils in der der Region gehandelt haben soll. Ein Privathaus weist geometrische *Art-Déco*-Motive und einen polierten Betonboden auf. An dem ältesten Gebäude, *Guru Ratna Homestay*, kann eine schöne Veranda bewundert werden, die aus Holz, und nicht wie sonst aus Eisen, gefertigt ist. Viele dieser architektonischen Details entgehen den meisten Besuchern jedoch im Vorbeigehen, weshalb wir empfehlen, auf die Dienste eines lokalen Fremdenführers zurückzugreifen.

Der Mittelpunkt von Bali

Viele Regionen rühmen sich damit, im Mittelpunkt von Bali zu liegen. In der Nähe von Sukawati zeigen Einwohner Besuchern gerne ihr Zentrum, die Statue des „Fetten Babys" (s. S. 174). In Kintimani indessen hält man allgemein den *Pura Pucak Penulisan*, den höchstgelegenen Tempel der Insel, für den zentralen Punkt. Zu Beginn des 20. Jahrhunderts hatten die Niederländer Munduk zum Zentrum von Bali bestimmt und die Position des „Kilometer Null" mit einem Hinweis versehen (der noch heute auf der Straße, gegenüber dem Puri Sunny Hotel, zu sehen ist). Heute befindet sich der offizielle „Kilometer Null" allerdings in Denpasar (*Dauh Puri Kangan*).

DER BUDDHISTISCHE TEMPEL
BRAHMA VIHARA ARAMA

Miniaturreplik von Borobudur *und Ort der Meditation*

Gang Sahadewa, Banjar Tegeha, Buleleng
brahmaviharaarama.com
Täglich von 9–18 Uhr (für Gebet und Meditation immer geöffnet)

Brahma Vihara Arama bedeutet so viel wie „Ort der Selbstbetrach-tung" und ist der wohl schönste buddhistische Tempel auf Bali. Ein ruhiger Ort mit atemberaubendem Ausblick über die bewaldeten Hügel, landwirtschaftlichen Nutzflächen und umliegenden Reisfelder. Von außen wirkt der Komplex mit seinem „gespaltenen Tor" (*Candi Bentar*), seinen Wächterstatuen und seinem dreistufigen Glockenturm typisch

balinesisch. Die Innenräume lohnen ebenfalls einen Besuch.

In der Nähe des Turms (der anstelle des üblichen Holzgongs *Kulkul* über eine eiserne Glocke verfügt), führen zwei mit Darstellungen des buddhistischen Wegs zur Erleuchtung verzierte Treppen in den Haupthof und zum Stupa der „fünf Kräfte" (*Panca Bala*). Dieser Tempel mit fünf Kuppeln gleicht einer Miniaturversion der von der UNESCO zum Weltkulturerbe erklärten Tempelanlage *Borobudur*. Auf den Außenmauern dieser balinesischen Replik thronen jedoch weitere kleine Stupas sowie verschiedene Buddha-Darstellungen. Unterhalb davon liegt ein weißer Steinsaal mit zwei Freskenzyklen, von denen einer das Leben des Siddharta, wie er zu Buddha wurde, erzählt. In den Außenanlagen finden sich in einer Art spirituellem Wassergraben Lotusgärten (die ein bedeutendes buddhistisches Symbol für Reinheit sind).

Gleich welcher religiösen Überzeugung man ist: Der große Innenhof gegenüber dem Haupttempel ist ein friedvoller Ort, der sich gut für die Meditation eignet. Angemessene Kleidung versteht sich hier für Besucher von selbst. Falls nötig, können in der Tempelverwaltung Sarongs und Gürtel ausgeliehen werden. Jedes Jahr im Mai strömen beim sechsten Vollmond Gläubige in den Tempel, um das *Vesakh*-Fest zu begehen (Geburt des Buddha).

Im Juli 1976 ereignete sich eine Katastrophe. Sieben Tage nach Einweihung der neuen *Avalokiteshvara*-Pagode kam es zu einem schweren Erdbeben, bei dem 573 Menschen starben und weite Teile des Tempels zerstört wurden. In den Monaten nach dem Beben soll der Mönch und spirituelle Führer von Brahma Vihara Arama, Bhante Girirakkhito, auf der Terrasse unter einem Tisch geschlafen haben. „Alles, was geschaffen wird, unterliegt dem Gesetz des Wandels", erklärte er seinen Schülern, und „alle Dinge unterliegen den Gesetzen der Natur", woraufhin sich die Gemeinde an den Wiederaufbau ihres Tempels machte.

1982 rückte Brahma Vihara Arama durch den Besuch des Dalai Lama ins Blickfeld vieler Mönche aus der ganzen Welt. Viele von ihnen (vor allem aus Tibet, Thailand und Kambodscha) nehmen seither an den Schweigeprozessionen des Tempels teil. Ihr unaufhörlicher Fluss ist eine Einladung zur Meditation.

Die Vipassana-Meditation

Mehrmals jährlich organisiert der Tempel Meditations-Retreats, auch auf Englisch und mit Unterbringung. *Vipassana* bedeutet so viel wie „die Dinge so sehen, wie sie wirklich sind" und bezeichnet eine alte, besonders tiefe Meditationstechnik. Die langen Zeiten der Stille (den Teilnehmern ist es elf Tage lang verboten zu sprechen, zu lesen und sich zu unterhalten) werden von vielen als sehr bereichernd empfunden.

DIE STATUE VON ANAK AGUNG PANDJI TISNA

Ein Augenzwinkern in Richtung des Gründers von Lovina

Lovina Beach Hotel, Jalan Seririt-Singaraja, Kaliasem, Buleleng
036 241 005; lovinabeachhotel.com

Vergleicht man zwei Karten von Bali, eine von vor 70, eine von vor 30 Jahren, erkennt man bei genauem Hinsehen, dass auf der jüngeren der neue Ort Lovina hinzugekommen ist. Dieser Umstand ist besonders deshalb erstaunlich, weil es weder im Balinesischen noch im Indonesischen den Buchstaben „v" gibt. Die Küste von Lovina ist vor allem unter Delfinfreunden beliebt, die hier bei Sonnenaufgang auf Fischerbooten zur Beobachtung der Tiere aufs Meer hinausfahren. Was jedoch nur wenige wissen, ist, dass Lovina erst in den 1950er Jahren gegründet wurde.

Hinter dem meerseitigen Eingang des *Lovina Beach Hotel* erinnert eine Betonstatue an die Geschichte des Namens. Sie zeigt den Schriftsteller und letzten König von Buleleng, Anak Agung Pandji Tisna (1908–1978). Anfang der 1950er Jahre verbrachte er einen Urlaub in der Nähe von Mumbai. Pandji Tisna war angetan von der ruhigen Atmosphäre und dem sanften Leben in den Küstengebieten, die er besuchte. So kam ihm die Idee, in Buleleng einen Badeort nach Art jener Orte zu errichten, die ihm in Indien so gut gefallen hatten.

Das erste Hotel, das Pandji Tisna 1953 errichten ließ, hatte nur drei Zimmer. Sein Gründer gab ihm den Namen „Lovina", der eine Kombination aus dem englischen *love* und dem balinesischen Wort *Ina* = Mutter ist. Viele Geschäftsleute zweifelten daran, dass das Hotel je erfolgreich sein könnte. Sie hielten den gewählten Ort für zu isoliert, um Reisende anzulocken. Für lokale Gäste wiederum erschien ihnen der Name des Hotels zu „fremdartig".

Die folgenden Jahre schienen ihnen Recht zu geben: Es kamen ausschließlich Gäste aus dem Ausland; von balinesischen Touristen wurde es gemieden. Hinzu kam, dass die Region nach 1958 mit Verlegung der Hauptstadt von Singaraja nach Denpasar an Bedeutung verlor. Das kleine Hotel änderte seinen Namen, während Pandji Tisna 100 Meter weiter ein zweites bauen ließ.

Der Name „Lovina" verschwand jedoch niemals ganz und bezeichnete noch in den 1990er Jahren die sechs Strände nahe dem ursprünglichen Hotel von Pandji Tisana (Binaria, Kubu Gembong, Hépi, Pemaron, Tukad Cebol und Temukus – Namen, die heute in Vergessenheit geraten sind). Heute ist die gesamte Nordküste, von Bali unter dem Namen „Lovina" bekannt, so, wie es sich Pandji Tisna einst gewünscht hatte.

Ein „kleines Museum"

Nur wenige Meter vom *Lovina Beach Hotel* verweist vor einem weiteren Gebäude der Familie von Anak Agung Pandji Tisna ein Schild auf ein „kleines Museum". Darin findet man die Schreibmaschine des Königs und einige Bücher und Magazine.

DIE KAFFEEFABRIK BANYUATIS

Eine Rösterei der alten Schule

Banyuatis Coffee – Jalan Raya Seririt-Singaraja, Pemaron, Buleleng
036 224 095
kopibanyuatis.com
Sonntag bis Freitag von 8–16 Uhr; Samstag von 8–13 Uhr

Manchen Quellen zufolge soll die Kaffeekultur vor rund einem Jahrhundert von Lombok nach Bali importiert worden sein. Einer anderen Hypothese nach brachte der dänische Geschäftsmann Mads Lange (s. S. 36) den Kaffeehandel bereits ab den 1840er Jahren auf die Insel. Sollte das stimmen, dann arbeitete Lange vermutlich mit dem Unternehmen Banyuatis Coffee zusammen, das sich selbst als ältesten balinesischen Kaffeehersteller rühmt. Nach Angaben von *Banyuatis Coffee* war es der Bauer Jro Dalang Gelgel aus dem Dorf Banyuatis, der um 1800 die ersten Kaffeesträucher pflanzte. 160 Jahre später soll sein Enkel Ketut Englan in der Nähe von Singaraja seine Rösterei eröffnet

haben. Der Verarbeitungsprozess hat sich seither kaum verändert, und nicht zuletzt deshalb lohnt sich ein Besuch der wunderbar nach Kaffee duftenden Rösterei. Bis Kaffee nach der Ernte (im April oder Mai) in unseren Tassen landet, dauert es ganze 3 Jahre. Um die Qualität zu erlangen, die den Ruf des Hauses begründet hat, werden die geernteten Kaffeebohnen zunächst von Hand verlesen. Rund 30 Prozent der Bohnen werden dann aussortiert, und der Rest entspricht der Top-Qualitätsklasse. Anschließend werden die Bohnen rund zwei Jahre lang in einem eigens dafür vorgesehen Raum getrocknet. Erst danach folgt in zwei Holzöfen der exakt 70-minütige Röstvorgang. In den Rösträumen mit ihrem angenehmen Duft bekommen Besucher riesige Behälter mit einem Fassungsvermögen von je 200 Kilogramm Kaffeebohnen zu Gesicht. Mit seinen gerade einmal 28 Beschäftigten produziert *Banyuatis Coffee* jeden Monat 60.000 Kilogramm Kaffee der Sorten Arabica und Robusta.

Der Kopi Luwak: *Einer der teuersten Kaffees der Welt, hergestellt aus handverlesenen Kaffeebohnen aus den Exkrementen des Fleckenmusangs*

Der *Kopi Luwak* ist einer der teuersten Kaffees der Welt. Ein Kilogramm wird für bis zu 1000 US-Dollar gehandelt. Den wichtigsten Schritt im Herstellungsprozess übernimmt der Verdauungsapparat von Fleckenmusangs (*Luwak* auf Indonesisch). Die Bohnen werden aus den Exkrementen dieser Schleichkatzen (*Viverridae*) herausgesammelt, die in dem Ruf stehen, nur die besten Bohnen zu fressen. Der exorbitante Preis des Endprodukts hat einige skrupellose Erzeuger dazu animiert, die scheuen, völlig verängstigten nachtaktiven Tiere bis zu ihrem Tod unter schrecklichen Bedingungen im Käfig zu halten und mit Kaffeekirschen zu stopfen. Der balinesische Tierschutzverein BAWA hat deshalb zum Boykott von *Kopi Luwak* aufgerufen. Die Geschäftsführung von Banyuatis beteuert, dass ihre Schleichkatzen ausschließlich frei in den Plantagen leben. Auf vielen Bali-Rundreisen steht eine vergleichsweise preisgünstige *Kopi-Luwak*-Verkostung auf dem Programm (in Manhattan kostet eine Tasse dieses Kaffees 30 Dollar). Um die Touristen zu beruhigen, werden ihnen für gewöhnlich zwei kräftige Fleckenmusangs in kleinen Käfigen gezeigt. „Die Tiere sind nur im Käfig, um sie Ihnen zeigen zu können", so die Veranstalter. Man kann sich aber sicher sein, dass man nur die gesünderen Insassen dieser felinen Konzentrationslager zu sehen bekommt.

DER ALTE HAFEN VON SINGARAJA ⑥

Ein Relikt aus der Kolonialzeit

Kampong Bugis, Singaraja, Buleleng

Käme der berühmte Naturforscher Alfred Russel Wallace (1823-1913), der am 13. Juni 1856 zum ersten Mal im Hafen von Singaraja an Land ging, heute dorthin zurück, würde er kaum eine Veränderung bemerken. Das Zollgebäude, in dem Wallace seine Ankunft meldete, befindet sich noch immer am selben Ort (obwohl es offensichtlich später umgebaut wurde und heute ein kleines Museum beherbergt) und grenzt wie im 19. Jahrhundert an eine Reihe von an der ansonsten verlassenen Mole auf Pfeilern stehenden *Warungs*. Der Autor von *Der Malayische Archipel* wurde in Singaraja von einem reichen chinesischen Händler empfangen. Das Haus, in dem er wohnte, ist mit an Sicherheit grenzender Wahrscheinlichkeit heute nicht mehr vorhanden und der schöne chinesische Tempel, der heute am Ufer steht, wurde erst siebzehn Jahre später gebaut. Ein Großteil des als Kampong Bugis bekannten Gebiets hat sich allerdings bis heute kaum verändert.

Zu Zeiten von Wallace beherrschten die Chinesen den Handel in der Gegend, und an den Fassaden der Geschäfte in der Jalan Erlangga sind noch heute die Schilder von Familienunternehmen zu sehen, die hier Stoffe, traditionelle Arzneimittel sowie von Balinesen gefertigte Gold- und Silberobjekte verkauften. In der Jalan Hasanudin stößt man auf chinesische *Toko Obat* („Arzneimittelgeschäfte") und Eisenwaren-handlungen mit chinesischen Laternen am Eingang.

„In dem Viertel leben rund 500 Menschen, die von den Chinesen abstammen, die vor sechs Generationen hierherkamen", erklärt Tan Hok Suey, Hausmeister in dem chinesischen Tempel *Ling Gwan Kiong* am Ufer. „Wir waren schon lange vor den Holländern hier. Und nach uns kamen viele Menschen aus anderen Nationen, um Handel zu treiben." Die Straßen im Landesinneren von Singaraja tragen die Namen von Obstbäumen – ein Hinweis auf den landwirtschaftlichen Reichtum der Stadt. Rund um den Hafen zeugen Straßennamen wie Sumatra Street, Melaka Street, Sumba Street oder Sulawesi Street von der bewegten Geschichte Singarajas als Seefahrerstadt.

In der Umgebung des chinesischen Tempels *Seng Ho Bio*, 300 Meter östlich des alten Hafens, liegt ein ebenfalls sehenswertes, typisches kleines Viertel. Hier erinnern Hahnenkämpfe und in der Sonne zum Trocknen ausgelegte Fische an die *Kampongs* (Dörfer) im Osten von Indonesien.

Die Ortsbezeichnung „Kampong Bugis" geht vermutlich, wie in der Bugis-Gemeinde im Westen Balis, ebenfalls auf die ursprünglich aus Sulawesi stammenden Bugis zurück (s. S. 80).

DAS MUSEUM VON BULELENG

Ein Überblick über die Geschichte von Bali

Jalan Veteran 23, Paket Agung, Singaraja, Buleleng
02 362 330 3368
Täglich von 07:30–15 Uhr

Eines der ersten Exponate, das einem beim Besuch im Museum von Buleleng ins Auge fällt, ist ein alter Fiat. Es handelt sich hierbei um das offizielle Fahrzeug von I Gusti Ketut Pudja, der von 1945 bis 1958 erster Gouverneur der Region war. Das Auto erinnert an die Bedeutung von Singaraja in einer Zeit, als die Autorität des Gouverneurs sich über das gesamte Gebiet der Kleinen Sundainseln und damit 1200 Kilometer weit von Bali über Lombok, Sumbawa, Flores, Sumba und den Alor-Archipel bis Timor erstreckte.

1958 verlor Singaraja („Löwenkönig", von Sanskrit *Singha* und *Raja*) seinen Status als balinesische Hauptstadt an Denpasar. Seitdem zieht (die wenig reizvolle 80.500-Einwohner-Stadt) Singaraja kaum noch ausländische Touristen an. In dem Museum ist jedoch eine Reihe interessanter Exponate zu sehen, von denen viele aus der Privatsammlung der königlichen Familie von Buleleng stammen. Sie geben einen faszinierenden Einblick in die Geschichte der Stadt und letztlich der ganzen Insel.

Im ersten Raum ist vor allem Kunst zu sehen, begleitet von kurzen Erläuterungen zu Figuren der hinduistischen Epen und balinesischen Mythen. Im zweiten Raum ist ein Objekt von besonderem Interesse: Was wie ein schöner Holzschrank aussieht, ist in Wahrheit ein *Branka* (von Niederländisch *Brandkast* = wörtl. Feuer-Kasten), der früher in vielen wohlhabenden Händlerhaushalten zu finden war. Die schlichte Machart dieser Schränke täuscht: In ihnen befanden sich feuerfeste Tresore. Dieser hier ist ein österreichisches Fabrikat und trägt den Hinweis *Garranteed Fireproof* („Garantiert feuerfest"). Er wurde vor rund einhundert Jahren von einem chinesischen Händler namens Liem Liang An erworben, der ein Haus am Hafen besaß. Besonders sehenswert sind die ältesten Exponate wie Goldtropfen, die früher einmal als Währung dienten, Armreifen aus der Bronzezeit und möglicherweise 2000 Jahre alte Sarkophage. Diese wurden häufig von Reisbauern bei der Feldarbeit gefunden (wie die Sarkophage von Pangkunk Paruk, s. S. 98) und wirken auf den ersten Blick ziemlich klein. Dies erklärt sich einerseits daraus, dass Balinesen früher eher von kleiner Statur waren (wie ein 60.000 Jahre altes Skelett zeigt, das in Flores gefunden wurde), andererseits aus dem Umstand, dass nach altem Glauben die Bestattung in Embryonalhaltung die besten Aussichten auf eine Reinkarnation versprach.

PURI AGUNG SINGARAJA

Die Residenz des letzten Königs von Buleleng

Jalan Mayor Metra no. 12, Singaraja, Buleleng
081 2392 1658
Täglich von 9–17 Uhr

Nur selten bekommt man die Gelegenheit, sich frei in den Räumen einer königlichen Residenz zu bewegen. Sie sollten es daher auf keinen Fall verpassen, *Puri Agung Singaraja*, dem alten Palast von Singaraja, einen Besuch abzustatten. Die bescheidenen Gemäuer, in denen einst der letzte König von Buleleng lebte, sind heute ein ruhiger Familienwohnsitz, in dem die Erinnerung an vergangene Zeiten fortlebt. Zu sehen sind in den geschichtsträchtigen Gebäuden alte Möbel, das Bett des Königs, eine Bibliothek und viele historische Fotografien.

Wer *Puri Agung Singaraja* besucht, sollte aber keinen Prachtbau nach Art des kunstvoll verzierten roten Backsteinpalasts von Ubud erwarten. Der letzte König von Buleleng bevorzugte einen „modernen" Stil, der sich deutlich von der traditionellen Bauweise unterschied.

Die unabhängigen Königreiche, die Bali von Anfang des 10. bis Anfang des 20. Jahrhunderts beherrschten, spielten für die kulturelle und künstlerische Entwicklung der Insel eine wesentliche Rolle. Acht der neun Regierungsbezirke von Bali (Badung, Bangli, Buleleng, Gianyar, Jembrana, Karangasem, Klungkung und Tabanan) sind Relikte der Monarchien, die auf die mächtige, um 1650 untergegangene Gelgel-Dynastie folgten. I Gusti Anglurah Pandji Sakti, Sohn des Königs von Gelgel, gründete damals in Buleleng sein Königreich. Der Legende nach soll er Gelgel in Klungkung verlassen und auf einem Berggipfel im Norden Balis seinen *Kris*-Dolch in den Boden gerammt haben. Wie durch ein Wunder erschien eine Quelle, die seither die Bewohner der Hügel von Buleleng versorgt.

Der König entschied, sich in Pandji, fünf Kilometer südwestlich von Singaraja niederzulassen. Sein Palast wurde jedoch im Zuge der zahlreichen Konflikte mit den Niederländern zwischen 1846 und 1849 zerstört. Nach diesem Datum wurde Buleleng dem niederländischen Kolonialreich unterworfen, dessen Kontrolle es bis zu Indonesiens Unabhängigkeit im 20. Jahrhundert unterstand.

Die Niederländer installierten dort den Verwaltungssitz für Nordbali und benannten ein Mitglied der königlichen Familie zum Regenten. 1929 begann I Gusti Putu Djlantik, der diesen Posten zu diesem Zeitpunkt besetzte, in Singaraja mit dem Bau des Palasts von Puri Agung. Unterstützt durch die Holländer ließ er zudem ganz in der Nähe die *Lontar*-Bibliothek *Gedong Kirtya* (s. S. 158, 160 und 161) errichten. Der Sohn und Nachfolger von I Gusti Putu Djlantik, Anak Agung Pandji Tisna (Gründer von Lovina, s. S. 110), war der letzte König von Buleleng. Seine Kinder ließen den Palast, der sich damals in baufälligem Zustand befand, restaurieren. Die am Eingang gesammelten Spenden fließen heute in die Instandhaltung und den Schutz dieses bedeutenden historischen Bauwerks von Buleleng.

SILBERHANDWERK IN BERATAN

Herkunftsort der schönsten Kris-Dolche der Insel

Jalan Mayor Metra no. 83, Beratan, Buleleng
Täglich von 8–17 Uhr
Eintritt frei, Spenden willkommen

Ein Ortsteil des Dorfes Beratan fällt durch seine feuerroten Türen ins Auge. Sie weisen Besucher darauf hin, dass hier *Pande* (Eisenschmiede) ihrem Handwerk nachgehen.

Die hiesige *Pande*-Gemeinschaft ist für die hohe Qualität ihrer Silber- und Goldarbeiten, insbesondere religiöse Objekte (vor allem Glocken) und Griffe für die sogenannten *Kris*-Dolche (s. S. 196), berühmt.

1856, als der Naturforscher und Abenteurer Alfred Russel Wallace (1823–1913) nach Singaraja kam, zählten diese Dolche zu den ersten Dingen, die ihm auffielen: „Wir haben eine Reihe Eingeborener angetroffen", schrieb er, „alle augenscheinlich mit *Kris*-Dolchen mit großen Griffen aus Elfenbein oder Gold bewaffnet."

Die Familie von Nyoman Suedin fertigt seit drei Generation *Kris*-Griffe aus Silber, die als *Danganan* bezeichnet werden. „Für gewöhnlich benötige ich für einen Griff rund einen Monat", erklärt er uns in seiner kleinen Werkstatt, während er vorsichtig mit einem Hämmerchen aus Büffelhorn ein Stück Silber bearbeitet. „Besonders komplexe Arbeiten können aber auch bis zu sechs Monate in Anspruch nehmen."

Beratan ist auf der ganzen Insel bekannt. Priester kaufen bei ihm versilberte Glocken und Artefakte; aus ganz Bali und sogar von Java kommen Sammler, um ihn mit Arbeit zu beauftragen.

Viele Nachbarn von Suedin produzierten früher *Songket*, feine Brokatstoffe mit eingearbeiteten Gold- und Silberfäden. Inzwischen werden sie meistens am Fließband in großen Werken gefertigt, und die dadurch deutlich niedrigeren Kosten dieser Stoffe haben dazu beigetragen, dass dieser Geschäftszweig in Beratan nahezu vollständig ausgestorben ist. Früher wurden diese Stoffe von den Chinesen aus Singaraja verkauft, die auch Silber, Gold und Elfenbein importierten, wertvolle Rohmaterialien, die anschließend von den *Pande* in Beratan weiterverarbeitet wurden.

Viele Indonesier schreiben den besten *Kris*-Dolchen spirituelle und magische Eigenschaften zu. „Aber", so Suedin weiter, „so schön er auch sein mag, ein *Kris* aus meiner Werkstatt besitzt keine solchen Kräfte. Es obliegt dem Besitzer, das Objekt durch die nötigen Riten zum Leben zu erwecken. Erst durch ihn erhält der Dolch seine übernatürlichen Fähigkeiten."

Das *Kris*-Geschäft lohnt sich auch heute noch. Die Dolche sind Statussymbol und wertvolles Erbstück für künftige Generationen. Die als *Kusia* bezeichnete Griffform zählt unter Suedins Kunden zu den beliebtesten und ist für sie ein mächtiges Symbol, das für Transformation steht.

DIE MARIONETTENMACHER VON NAGASEPAHA

Wo Figuren aus hinduistischen Heldenepen zum Leben erweckt werden

Namenlose Straße in Desa Nagasepaha, Buleleng
Nagasepaha liegt rund 5 Kilometer südöstlich von Singaraja. Fragen Sie im Dorf nach dem Haus der Marionettenmacher, man wird Ihnen den Weg zeigen
Täglich, außer an balinesischen Feiertagen
Eintritt frei, Spenden oder ein kleiner Einkauf werden gern gesehen

In dem kleinen Dorf Nagasepaha in der Nähe von Singaraja lebt eine Familie, die zwei traditionelle Handwerksformen fortführt, die auf Bali im Verschwinden begriffen sind. Die Rede ist von der Fertigung von *Wayang Kulit* (Ledermarionetten für das Schattentheater) und von der Glasmalereikunst.

„Wir bemalen schon seit sehr langer Zeit Glas und *Wayang Kulit*", erklärt Gede Kenak Eriada, der die Technik schon im Alter von acht Jahren erlernte. „Es handelt sich um eine Tradition, die im Osten und Westen von Bali bereits verschwunden ist. Wir sind, soweit ich weiß, die einzigen, die noch *Wayang Kulit* und Glaskunst herstellen." Fünf Mitglieder seiner Familie arbeiten gemeinsam am Erhalt dieser Kunstformen, und ihr Haus ist zugleich Werkstatt und Showroom.

Die *Wayang-Kulit*-Kunst ist eine jahrhundertealte Tradition. Der Name bezeichnet sowohl die zweidimensionalen Ledermarionetten für das chinesische Schattentheater als auch die Aufführung selbst. Durch sie erzählt der *Dalang* (Marionettenspieler) Geschichten aus den hinduistischen Epen. „Beim Bemalen von Glas können wir unserer Kreativität freien Lauf lassen. Die Fertigung von *Wayang Kulit* hingegen duldet keine Improvisation", präzisiert Gede. „Auf Java sind die Marionetten größer als unsere, und hier verwenden wir mehr Farben. Jede Tradition hat ihren eigenen Stil. Uns geht es darum, den Stil unserer Region zu bewahren und nicht davon abzuweichen."

Die Marionetten werden aus Kuhhäuten gefertigt, die Gedes Familie „frisch" kauft. Zum Trocknen werden sie fünf Tage lang gespannt. Anschließend wird die Form ausgeschnitten und bemalt. In einem letzten Schritt werden die Gliedmaßen am Körper befestigt. Das Publikum kann die bunten Farben der Marionetten während der Vorstellung nicht sehen, dem *Dalang* ermöglichen sie es jedoch, die auftretenden Figuren zu unterscheiden. „Für eine *Wayang Kulit* benötigen wir ungefähr fünfzehn bis zwanzig Tage. Der Preis liegt zwischen 300.000 und 3.500,00 Rupiah", erklärt Gede weiter. „Marionetten zu fertigen ist deutlich schwieriger als Glas zu bemalen. Man braucht Monate, um die Kunst der Glasmalerei zu erlernen. Aber um die Technik der *Wayang-Kulit*-Fertigung zu beherrschen, benötigt man Jahre."

Die Glasmalerei ist auf Bali eine recht junge Kunstform, die vermutlich in den 1910er Jahren entstand. Wie beim *Wayang Kulit* sind die Themen von den hinduistischen Epen inspiriert. Die Glasplatten werden auf der Rückseite (also auf links) bemalt. Die Herstellung eines Objekts dauert sieben bis zehn Tage.

Die meisten Glasmalereien der Familie Gede zieren Privathäuser (wo sie in Schreinen aufgestellt werden). Die *Wayang Kulit* kommen in Theateraufführungen oder zu Dekorationszwecken zum Einsatz.

Seit 2003 ist das *Wayang Kulit* immaterielles Kulturerbe der UNESCO. In seinem Roman *Ein Haus in Bali* erwähnt der Komponist Colin McPhee an verschiedenen Stellen mehrstündige *Wayang-Kulit*-Aufführungen.

DER WASSERFALL VON JEMBONG ⑪

Ein Wasservorhang mit heilenden Eigenschaften

Ab Ambengan, Buleleng, den Schildern folgen
Kasse täglich von 7–19 Uhr geöffnet

Die Straßen zu der Ortschaft Ambengan verströmen einen wunderbaren Nelkengeruch, der Besucher auf das Erreichen eines Wasserfalls vorbereitet, der nach balinesischem Glauben Heilkräfte besitzt. Die Wege über Felder und Plantagen geben einem das Gefühl, dass das Leben in dieser Region sanft im Rhythmus der Jahreszeiten verläuft. Der Wasserfall von Jembong hat einen breiten Dunstschleier, der beim Aufprall des Wassers den Felsen entsteht, und ist noch nicht sehr bekannt. Wie mit vielen schönen Orten in Indonesien hat die Regierung eine „Touristenattraktion" daraus gemacht, indem sie zwei aus dem Wasserfall gespeiste Schwimmbecken anlegen ließ. Dadurch, und durch die ebenfalls neu installierte Zipline, hat dieser Ort einiges von seinem wilden Charme eingebüßt. Trotzdem ist Jembong auch heute noch ein schöner Ort, um sich zu erfrischen und vielleicht weiterzuwandern durch den „geheimen Garten von Sembangan", bis hin zum Wasserfall von Aling Aling (an der Kasse werden auf Nachfrage kleine geführte Touren angeboten).

Die schmale, frisch asphaltierte Straße, die von Ambengan zum Wasserfall führt, ist gerade einmal breit genug für ein Auto. Der Wasserfall ist schon vom Parkplatz aus zu sehen. Die künstlichen Pools sind über ein paar Stufen schnell erreicht, ebenso wie ein paar Stufen weiter der Fuß des Wasserfalls, wo man sich schließlich seinen heilsamen Nebel ins Gesicht wehen lassen kann.

DIE WASSERFÄLLE VON SEKUMPUL ⑫

Ein Naturspektakel wie aus Jurassic Park

Ab Pura Desa Sekumpul, Sekumpul, den Schildern folgen

Kasse geöffnet von 7–17 Uhr

Wasserfälle sind eine der touristischen Hauptattraktionen der Insel. Auf unzähligen Seiten finden sich im Internet mehr oder weniger lange Listen dieser Naturwunder: „Die fünf atemberaubendsten Wasserfälle auf Bali", „Die faszinierendsten Wasserfälle von Bali", „Die beeindruckendsten Wasserfälle von Bali"... Ein Glück für ruhesuchende Naturfreunde, dass einige von ihnen der Aufmerksamkeit der Touristenmassen bislang entgangen sind, wie zum Beispiel die Wasserfälle von Sekumpul.

Mit einer jährlichen Niederschlagsmenge von durchschnittlich 1715 mm und einer vulkanischen Bergkette, die von Ost nach West bis hin zur Nordküste reicht, sind malerische Wasserfälle auf Bali keine Seltenheit. Die meisten von ihnen finden sich an den Nordhängen der Berge in steilem Gelände. Die Besucherzahlen stehen daher eng mit ihrer Zugänglichkeit in Zusammenhang. Einer der wesentlichen Vorteile der Wasserfälle von Sekumpul liegt darin, dass sie ausreichend weit von den ausgetretenen Touristenpfaden entfernt sind, um keine Massen anzulocken.

Sekumpul bedeutet auf Indonesisch „sich versammeln". Die Wasserfälle von Sekumpul machen ihrem Namen dann auch alle Ehre, denn je nach Jahreszeit stürzen hier an bis zu sieben Stellen, nur wenige hundert Meter voneinander entfernt, die Wassermassen in die Tiefe. In der Regenzeit von Oktober bis April mehr, den Rest des Jahres über weniger. Der Hauptwasserfall zeigt sich dabei nach dem Regen zweifarbig. Links wird er von einer gipfelnahen Quelle mit klarem Wasser gespeist. Das Wasser auf seiner rechten Seite stammt aus einem Bach, der von seinem Weg durch die Dörfer und Reisfelder Lehm mitbringt und deswegen bräunlich verfärbt ist.

In Sekumpul scheint sich das Wasser einen Weg durch den Urwald zu bahnen, bevor es zwischen Bäumen, Moos und Farnen austritt und in die achtzig Meter tiefer gelegenen Becken stürzt.

Der Abstieg hinunter zum Fuß des Hauptwasserfalls dauert rund eine halbe Stunde. Der Weg ist zum Teil nass und rutschig, insgesamt jedoch mit seinen gemauerten Stufen und seiner stabilen Metalltreppe entlang einer Felswand in gutem Zustand. Um hinunterzusteigen, benötigt man für diesen einfachen Weg keinen Wanderführer, auch wenn die geschäftstüchtigen Bewohner von Sekumpul Ihnen unbedingt einen vermitteln möchten (Kosten rund 250.000 Rupiah für zwei Personen). Auch wenn diese Ausgabe überflüssig scheinen mag, unterstützt man damit aber die lokale Bevölkerung und trägt zum Erhalt und Schutz dieses malerischen Ortes bei, weil die Wanderführer auf dem Weg auch immer gleich den zurückgelassenen Müll einsammeln.

NATÜRLICHE PALMZUCKERPRODUKTION

Eine traditionelle Palmzuckermanufaktur

Banjar Dinas Singkung, Sudaji, Sawan, Buleleng
Täglich geöffnet
Privathaus: Eintritt frei, Spenden willkommen

Kadek Kamiarsa, der sein ganzes Wissen von seinem Großvater hat, führt eine Tradition fort, an deren Anfänge sich die Familie nicht mehr erinnern kann, so weit liegen sie zurück. Kadek Kamiarsa stellt auf seiner kleinen Zuckerpalmenplantage (*Arenga Pinnata*) Palmzucker her.

Um an den Rohstoff zu gelangen, nutzt er eine einfache Leiter, genannt *Bangul*, eine Art langer Bambusstab mit Einkerbungen, mit dessen Hilfe die Blüten entlang der Stämme erreicht werden können. Nach Beginn der Blüte sind ganze fünf Tage Arbeit nötig, bis der Saft für die Zuckerproduktion austritt. Dabei werden die Stellen, an denen sich die Blüten befinden, täglich mit einem schweren Holzschlägel (*Palu*) bearbeitet.

„Das dient dazu, den Saft zum Fließen zu bringen", erklärt Kamiarsa. „Anschließend muss man rund zehn Tage warten, bis die Blüten schwarz werden. Dann beginnen wir mit der Ernte. Es ist jedoch jedes Mal aufs Neue ein Glücksspiel. Man weiß nie im Voraus, ob die ganze Arbeit am Ende nicht doch umsonst war. Falls ja, fangen wir wieder von vorne an."

War der Prozess erfolgreich und der Saft fließt, kann ein einziger Baum bis zu vier Liter pro Tag abgeben. Der Geschmack dieser als *Tuak* bezeichneten Flüssigkeit erinnert an Limonade. Gibt man Kokosnüsse hinzu und lässt die Mischung fünf Tage fermentieren, entsteht ein Getränk, das einen Alkoholgehalt von bis zu 20 Prozent haben kann.

Im Familienbetrieb von Kamiarsa jedoch wird *Gula Merah* („roter Zucker") hergestellt. „Wir sammeln den Baumsaft jeden Morgen und jeden Nachmittag ein", erklärt er. „Dann kochen wir ihn bis zu fünf Stunden, wobei wir mit einem *Semprong*, einem speziellen Bambusrohr, in das Feuer blasen, um es so lange neu anzufachen, bis nur noch eine feste braune Masse zurückbleibt: der Zucker."

Zum traditionellen Rezept der Familie von Kamiarsa gehört auch der Einsatz von Blättern eines anderen Baums, des *Kayu Apit*. Diese Blätter lösen sich während des Kochvorgangs vollständig auf und sorgen dafür, dass der Zucker eine schöne, hellbraune Farbe behält. Der flüssige Palmzucker wird dann in Kokosnussschalenhälften eingefüllt, wo er aushärtet. Über ein Loch im Boden dieser Behältnisse können die so geformten Zucker-Halbkugeln einfach wieder herausgedrückt und schließlich auf dem Markt verkauft werden.

Der Zucker schmeckt so fein, dass er auch pur, wie eine Art Karamell, gegessen werden kann. Expertenanalysen zufolge enthält er – anders als raffinierter weißer Zucker – wertvolle Nährstoffe wie Eisen, Zink, Kalzium und Kalium.

SURYA NADA GONG

Eine Werkstatt zur Herstellung traditioneller balinesischer Gongs

Kawanan, Sawan, Buleleng
0878 6161 2908
Täglich von 8–17 Uhr
Eintritt frei, Spenden willkommen

Gongs sind auf Bali von besonderer Bedeutung, nicht zuletzt deshalb, weil sie die wichtigsten Instrumente der auf der Insel allgegenwärtigen *Gamelan*-Musik (s. S. 14) sind. Es gibt sie in verschiedenen Größen, und die Bronzemeister verwenden viel Zeit auf den perfekten Klang. Der größte Gong, der beim balinesischen *Gamelan* zum Einsatz kommt, wird gong *Wadon* genannt und kann einen Durchmesser von bis zu einem Meter aufweisen. Um gespielt zu werden, muss er wegen seiner Größe aufgehängt werden. „Um einen solchen Gong herzustellen, arbeiten wir in Viererteams", erklärt der Gongbauer Made Suanda. „Einer dreht die Bronzeplatte, während die drei anderen sie mit dem Hammer bearbeiten." Bronze wird bei einer Temperatur von 800° Celsius in einem Raum voller Rauchwirbel und Funkenregen drei Stunden lang geschmolzen. Die Familie von Suanda übt diese Tätigkeit in der Werkstatt *Surya Nada*, die wie ein Alchemistenlabors wirkt, seit vier Generationen aus. Instrumente aus mehreren zusammengefügten kleinen Gongs, die horizontal gespielt werden, heißen *Trompong*. „Für ein komplettes, zwölfteiliges Ensemble benötigen wir um die sechs oder sieben Monate", präzisiert Suanda. „Ein einziger Gong mit drei Kilogramm kostet ungefähr 180 US-Dollar." Die Gongs von *Surya Nada* werden praktisch alle aus Bronzefragmenten zerbrochener alter Gongs gefertigt, die über Zwischenhändler nach Gewicht verkauft werden (ca. 15 US-Dollar/Kilogramm). In vielen Regionen Indonesiens, vor allem in Kalimantan, werden Gongs von Generation zu Generation weitervererbt. Man sagt, sie beherbergen Geister. Mit nachlassender Bedeutung des traditionellen Glaubens verkaufen allerdings viele Haushalte ihre Gongs an Eisenwarenhändler, denn selbst ein relativ kleiner Gong kann rund drei Kilogramm Bronze wiegen. Vielen ist nicht bewusst, dass der Wert dieser Objekte, die sie schlicht für alte Instrumente halten, oft deutlich über dem reinen Materialwert liegt. Die Händler mit ihrem geschulten Auge hingegen erkennen den Wert eines Gongs sofort und nutzen das Unwissen oft schamlos zum eigenen Vorteil aus. Gewöhnliche Instrumente ohne besonderen Wert landen dagegen oft auf dem *Landasan* („Amboss") in Gießereien wie der von *Surya Nada*.

> Schmiede werden auf Bali als *Pande* bezeichnet, ein Begriff, der deutlich mehr beschreibt als bloß einen Beruf. Wie in einer Kaste gelten alle Mitglieder einer *Pande*-Familie als *Pande*.

> Wie an jedem balinesischen Arbeitsplatz gibt es auch in der Werkstatt von Suanda einen Ehrenplatz für einen Schrein. Bei den *Pande* sind diese Heiligtümer jedoch nicht gelb, sondern rot wie das Feuer.

DAS *GAMELAN*-WERK VON SAWAN

Auf den Spuren der Klänge von Bali

Desa Sawan, Banjar Asem
Nahe Pura Alit Manik Sari, nahe der Statue an der Straße nach Sawan
Fragen Sie nach dem Haus von Made Suete

D ie hypnotischen Klänge des *Gamelan* (Bezeichnung für ein musikalisches Ensemble, das vorrangig aus lokalen Schlaginstrumenten besteht) sind auf Bali allgegenwärtig, von der Eingangshalle des internationalen Flughafens *Ngurah Rai* über Geschäfte und Cafés bis hin zu den Häusern und Straßen der Dörfer. Die *Gamelan*-Musik ist „ein Kaleidoskop aus Klängen und Rhythmen und gilt heute als eine der höchstentwickelten Traditionen weltweit", erklärt Michael Tenzer, Assistenzprofessor für Musik an der Universität Yale und Experte für das balinesische *Gamelan*. Was viele jedoch nicht wissen, ist, wie die Instrumente für das *Gamelan* hergestellt werden.

Wer es herausfinden möchte, besucht am besten die Werkstatt von Made Suete in Desa Sawan. Mit drei Generationen Erfahrung im Rücken gilt er mit seinem Familienbetrieb als einer der besten *Suling*-Bauer der Insel.

Die *Suling* ist auf den ersten Blick eine einfache Bambusflöte. Zu jedem *Gamelan*-Ensemble gehören mindestens acht *Sulings*, „vier große und vier kleinere", erklärt Made Suete. „Je nach Region findet die Musik Ausdruck in unterschiedlichen Klängen. So findet sich die *Suling* zwar auch auf Java, klingt dort jedoch anders als auf Bali.

Die kleinsten *Sulings* sind ungefähr zwanzig Zentimeter lang und erzeugen die höchsten Töne. Sie sind gebräuchlicher, weil sie einfacher zu spielen sind als große *Sulings*. Diese bis zu einem Meter langen Instrumente müssen zum Spielen auf dem Boden abgestellt werden. „Es gibt viele, die die *Suling* spielen, aber nur wenige, die sie richtig spielen", lacht Made Suete. „Man muss die zirkuläre Atmung erlernen und die Backen dauerhaft mit Luft gefüllt halten."

Made Suete baut auch andere Instrumente für das *Gamelan*, vor allem das *Rindik*, eine Art Xylophon. Jedes Bambusrohr wird dabei mit viel Geduld von Hand geschnitzt, bis der Klang exakt den Vorstellungen seines Erbauers entspricht. Made Suete stimmt seine Instrumente nach Gehör. Aus seiner Sicht „sollte immer eine Person alle Instrumente bauen, denn ein *Gamelan* ist wie eine Familie".

BENGKALA, DAS DORF DER GEHÖRLOSEN

Eine weltweit einzigartige Zeichensprache

Bengkala, Kubutambahan, Buleleng

Wenn Kolok Pinda an einem *Warung* einen Kaffee bestellt, tippt er seinen Finger in etwa so gegen die Stirn, wie man im Westen anderen deutlich macht, was man von ihnen hält. Die Frau, die ihn bedient, erwidert seinen signalisierten Dank, indem sie die linke Hand über die rechte Handfläche reibt, so, wie ein Schüler, der seine Tafel säubert.

Kolok Pinda ist einer der 42 Gehörlosen von Bengkala. Sie sind die einzigen Menschen auf der Welt, die diese einzigartige Zeichensprache mit dem Namen *Kata Kolok* als ihre erste Sprache verwenden. Die Verkäuferin, mit der er sich schweigend unterhalten hat, ist nicht taub, aber mehr als die Hälfte der Einwohner Bengkalas beherrscht diesen „Dialekt".

Im Dorf sagt man, eine gehörlose Frau vor sieben Generationen stünde am Anfang dieser „Epidemie". In den Nachbardörfern hält man die Erscheinung eher für eine Art Fluch. Jüngste Forschungsergebnisse konnten nachweisen, dass die Gehörlosigkeit in dieser über lange Zeit isolierten Gemeinschaft – einer von fünfzig Einwohnern von Bengkala

wird taub geboren – in einem rezessiven Gen begründet liegt.

Während die Gehörlosen von Bengkala sich selbst als *Kolok* („taub" auf Balinesisch) bezeichnen, so sind sie doch perfekt in das gesellschaftliche Leben ihres Dorfes integriert, in dem auch die meisten Hörenden die Gebärdensprache beherrschen. So spielen die *Kolok* eine aktive Rolle, die nicht auf die Dorfgemeinschaft beschränkt ist. Viele ihrer Freunde fungieren als Dolmetscher und ermöglichen ihnen so, auch außerhalb ihrer vertrauten Umgebung relativ uneingeschränkt am Leben teilzuhaben. Eheschließungen zwischen Gehörlosen und Hörenden sind keine Seltenheit. Die Familie spricht dann *Kata Kolok*. Bisweilen hat es in Bengkala den Anschein, als sei die Gehörlosigkeit die Norm: In der Dorfschule werden manche Unterrichtsstunden für alle Schülerinnen und Schüler ausschließlich in Zeichensprache abgehalten.

Das *Kata Kolok* breitet sich unterdessen weiter aus. Man merkt schnell, wie stolz viele Dorfbewohner auf ihr Kommunikationsmittel sind. Gerne weisen sie auch Besucher in ihre Sprache ein, die dabei von der Beobachtung inspirierte Zeichen entdecken: Fangzahnartig gebogene Finger bedeuten „Hund", eine sanfte Streichelbewegung „Katze". Zeichen zur Unterscheidung der Geschlechter haben eine nicht zu leugnende Ähnlichkeit mit Genitalorganen.

In der Region gibt es eine Tanzgruppe, in der neun der Tänzer gehörlos sind. Sie wurde vor allem durch ihren *Janger Kolok* („Tanz der Gehörlosen") berühmt, den sie gerne auf Festen anderer Dörfer vorführt.

DIE WEBERGEMEINSCHAFT KEM

*Wunderschöne Stoffe, gefertigt in Handarbeit von
Kolok-Frauen von Bengkala*

*Namenlose Straße; folgen Sie ab der Hauptstraße den Schilden nach Bengkala,
Buleleng*
*Informationen zu Tanzvorführungen erhalten Sie bei Kelut Kanta unter
0812 3748 4230*
Täglich von 8–17 Uhr

Die lange Isolation von Bengkala (s. S. 134) verleiht dem Dorf einen ganz besonderen Charme. Viele seiner Bewohner werden gehörlos geboren, und die Dorfgemeinschaft hat eine eigene Zeichensprache entwickelt, die es den *Koloks* („Gehörlosen") ermöglicht, aktiv am Alltag teilzuhaben. Trotz der gelungenen sozialen Integration gehören viele *Koloks* den ärmsten Familien von Bengkala an.

Kolok-Männer gelten als besonders stark und furchtlos. Oft verrichten sie deshalb die härtesten Arbeiten auf den Feldern, kümmern sich hoch in den Bergen um die Wasserversorgung und heben Gräber aus. *Kolok*-Frauen bleiben wie alle anderen auch meist zu Hause und haben nur in seltenen Fällen Gelegenheit, ihr eigenes Geld zu verdienen. Einen Ort gibt es jedoch, an dem eine Handvoll *Kolok*-Frauen ein bescheidenes Einkommen erzielt.

KEM (*Kawasan Ekonomi Masyarakat*, „Gemeinschaftlicher Wirtschaftsraum") wurde von der staatlichen Erdölgesellschaft Pertamina gegründet, die die hier gewebten Stoffe meist für die Uniformen Mitarbeiter verwendet. Auch Sarongs werden hier produziert und an die wenigen Touristen, die sich in das Zentrum verirren, verkauft. „Ich bin so glücklich, hier arbeiten zu können. Früher konnte ich kein Geld verdienen", erklärt Kolok Budewati, eine der gehörlosen Frauen, die seit einigen Jahren im KEM arbeitet. (Dem Namen Gehörloser wird stets das Wort *Kolok* vorangestellt.)

Die Herstellung eines Sarongs ist eine mühsame Arbeit. Stehen im Dorf gerade keine Feierlichkeiten an, nimmt die Fertigstellung eines drei Meter langen Sarongs sechs Tage in Anspruch. „Das ist aber nicht das, was am längsten dauert", fügt eine andere, nicht gehörlose Frau – die Vorarbeiterin der kleinen Fabrik – hinzu. „Wir brauchen allein zwanzig Tage, um einen einzigen Webstuhl aufzubauen." Dieser ist daraufhin rund sechs Monate in Betrieb, ein Zeitraum, innerhalb dessen eine Weberin rund vierzig Sarongs fertigt.

Janger Kolok: *ein einzigartiger Tanz gehörloser Tänzer*

KEM ist in den privaten Räumen von Ibu Sami untergebracht, umfasst jedoch auch ein Gemeinschaftszentrum für *Koloks*, die sich hier regelmäßig zum Tanzen treffen. *Janger Kolok* ist eine Choreografie, die sich auf Bali einer gewissen Berühmtheit erfreut.

KEM produziert auch *Jamu*, ein traditionelles Getränk auf Basis von Kurkuma, das auch von Ibu Sami und den *Kolok*-Frauen erzeugt wird. Eine kleine Flasche dieser Spezialität namens „Sakuntala" (abgeleitet von den Wörtern *Sari*, *Kunyit* und *Bengkala*) kostet etwa 6000 Rupiah.

BESUCH AUF EINER DRACHENFRUCHTPLANTAGE

Kaktuswälder mit bemerkenswerten Früchten

Südosten von Singaraja, nahe Bulian, Buleleng

Im Südosten von Singaraja durchqueren die Straßen enge Täler, die in Richtung Süden in das balinesische „Land der Drachen" führen. Mit einer Höhe von rund 2000 Metern sind die zentralen Hochebenen der Insel zwar nicht die höchsten balinesischen Gipfel (der Agung ist 3031 Meter hoch), doch ihre Nordflanken lohnen definitiv einen Besuch. Der vulkanische Boden und das relativ trockene Klima machen diese schattigen Hänge zum idealen Anbauort für eine Kaktusart namens *Hylocereus costaricensis*, die ursprünglich aus Costa Rica und Nicaragua stammt. Neben wunderschönen weißen Blüten produziert diese Pflanze eine Frucht von ungewöhnlichem Aussehen, die lokal den Namen *Buah Naga*, Drachenfrucht, trägt. Und mit ihrer dicken, schuppigen Haut und ihrer roten Farbe erinnert sie tatsächlich ein wenig an die feuerspeiende mythische Kreatur.

Auf Bali finden sich die meisten *Buah-Naga*-Plantagen an den Hängen nahe der Ortschaft Bulian. Die Kakteengewächse werden wie Weinreben in Reihen angepflanzt. Jede Pflanze ist zum Schutz mit einem Pfahl und dem Reifen eines Motorrollers als Spalier versehen, denn ab etwa eineinhalb Metern Wuchshöhe fallen diese Kletterkakteen andernfalls zurück auf den Boden.

Die besonders robusten *Hylocereus costaricensis* haben keine Blätter. Ihre fleischigen Rippen (über die die Fotosynthese abläuft) weisen einen dreieckigen Querschnitt sowie kleine, kurze Dornenbündel auf. Die Knospen, die wie zusammengeklumpte kleine, leuchtendgrüne Ranken aussehen, öffnen sich ausschließlich nachts und bringen Blüten mit zarten langen, weißen Blütenblättern zum Vorschein. Die Früchte entwickeln sich aus den Blüten und sollen sieben Mal pro Saison reifen.

Der „Nachtkaktus aus Costa Rica" gelangte erst vor relativ kurzer Zeit auf die Insel. Heute hat die Drachenfrucht es in den angesagten Lokalen von Canggu bis Ubug zu gewisser Berühmtheit gebracht. Noch vor zwanzig Jahren wäre es vermutlich unmöglich gewesen, auf Bali auch nur eine einzige *Buah Naga* aufzutreiben. Viele ältere Balinesen lehnen es jedoch noch immer ab, die Frucht zu essen. Sie ist noch zu neu für sie, als dass sie ihr vertrauen könnten.

Wer sich an sie heranwagt, erlebt weitere Überraschungen. Ihr leuchtend rosiges Fleisch ist wie bei der Kiwi voll mit kleinen Kernen und ähnelt dieser auch in der Konsistenz. Der milde und zugleich leicht erdige Geschmack wird meist als sehr angenehm empfunden. Die *Buah Naga* steht heute auf den Karten vieler balinesischer Restaurants und Cafés. Neben ihrem exotischen und dekorativen Äußeren ist die Frucht reich an Antioxidantien und Vitamin C und damit auch noch außerordentlich gesund.

TRADITIONELLE BAMBUSFLOßE

Traditionelle Bambusboote, die möglicherweise älter sind als der moderne Mensch

Kubutambahan (10 km östlich von Singaraja), Buleleng

Die erste Seefahrt soll vor rund 850.000 Jahren von Bali nach Lombok geführt haben. Auch wenn der *Homo erectus* zu jener Zeit auch über Landbrücken nach Bali gekommen wäre, ziehen Historiker aus den auf der Insel Flores gefundenen Steinwerkzeugen den Schluss, dass er zum Überqueren der Meerengen Floße gebaut hat. Unweit von Tanjung Bungkulen im äußersten Norden von Bali bauen die Fischer noch heute solche großen Bambusfloße mit bis zu acht Metern Länge. Diese *Rompongs* eignen sich nicht für die Hochseefischerei, sondern finden im traditionellen Fischfang Anwendung.

„Um ein Floß zu bauen benötigen wir etwa eine Woche", erklären die Fischer. „Der Bambus stammt aus den Tälern am Fuße der Vulkane. Heute verwenden wir Kunststoffkanister, um die Schwimmfähigkeit zu verbessern, und statt Rattan kommen zum Verbinden Plastikschnüre zum Einsatz. Abgesehen davon ist alles, was wir verwenden, natürlichen Ursprungs."

Nur wenige Touristen kennen den Strand nahe dem Fischerort Kubutambahan, an dem die Floße gebaut werden und der mit den vielen traditionellen *Jukungs* (s. S. 64), die hier vor Anker liegen, zugleich außerordentlich idyllisch ist.

Um die Bambusfloße aufs Meer hinauszuziehen, kommen motorisierte *Jukungs* zum Einsatz. Dort bilden sie kleine künstliche Inseln, die tags wie nachts mithilfe kleiner Lampen Fischschwärme anlocken. Ein einfacher Aufbau dient dem Fischer, der sein Floß in beträchtlicher Entfernung zur Küste (manchmal mehr als 100 Kilometer) festmacht, als Unterkunft. Nur einmal in der Woche wird die Einsamkeit durchbrochen, wenn ein Boot zum Floß hinausfährt, um Lebensmittel zu bringen und den seit dem letzten Besuch erbeuteten Fang mitzunehmen. Im September 2018 wurde ein indonesischer Jugendlicher nahe der Insel Guam, knapp 3000 Kilometer von seinem eigentlichen Standort entfernt, gerettet, nachdem sein Ankerseil bei einem Sturm gerissen, und er sieben Wochen lang über den Ozean getrieben war.

Die Fischfangmethode, die vor allem auf Makrelen und Thunfisch abzielt, unterliegt festen Vorschriften. In traditionellen Gesetzen ist festgelegt, dass die *Rompongs* mindestens drei bis fünf Kilometer Abstand zueinander wahren müssen. Hat sich ein *Rompong* losgerissen, so darf es zerstört werden, um andere *Rompongs* in der Nähe nicht zu gefährden.

Den Fischern von Kubutambahan zufolge liegen etwa fünfzig dieser traditionellen Floße dauerhaft rund zwanzig Kilometer vor der Küste vor Anker. Unabhängig mit eigenen Augen bestätigt werden kann diese Aussage aufgrund der großen Entfernung zur Küste zwar nicht, doch wie es scheint, herrscht auf hoher See ein starker Wettbewerb.

DAS DORF JULAH

Ein Dorf mit faszinierender Geschichte

Jalan Pura Desa, nicht weit von Jalan Airsanih-Tejakula, Julah, Tejakula, Buleleng
Hinweis: Bei Google Maps ist Julah nicht korrekt verzeichnet
Das Dorf liegt 29 km östlich von Singaraja an der Jalan Airsanih-Tejakula

Die kleinen *Warungs* und Geschäfte an der Hauptstraße des rund 29 Kilometer östlich von Singaraja gelegenen Dorfes Julah könnten den Eindruck vermitteln, es handele sich um ein Dorf wie jedes andere auf Bali. Doch die Geschichte von Julah reicht mehr als eintausend Jahre zurück. Julah ist das Partnerdorf von Sembiran, weiter im Landesinneren. Hier entdeckte J. H. Liefrinck, niederländischer Kontrolleur auf Bali, 1890 die „Sembiran-Inschriften", die von den Dorfbewohnern damals für heilige Ikonen gehalten, und nicht als Texte erkannt wurden. Bei den in zwanzig Kupferplatten eingravierten Inschriften (*Prasasti* auf Indonesisch) handelt es sich um eine Sammlung königlicher Erlasse aus den Jahren 951 bis 1181. Archäologen zufolge sollen diese (auf Alt-Javanisch und Alt-Balinesisch, sowie teilweise in Sanskrit verfassten) Erlasse von sechs unterschiedlichen Königen, die über zweihundert Jahre aufeinander folgten, an die Bewohner von Julah gerichtet worden sein. Auch wenn heute nichts mehr darauf hindeutet, dass das Fischerdorf Julah im 10. und 11. Jahrhundert von besonderer Bedeutung war, kam es hier aber häufig zu Konflikten zwischen Gewürzhändlern und plündernden Piraten. Eine der Inschriften aus dem Jahr 1016 verweist zum Beispiel darauf, dass nur 50 von 300 Familien einen Piratenangriff überlebten. Auch die Platten selbst gerieten ins Blickfeld krimineller Banden (nach einem Diebstahl konnten sie gerade noch auf Java sichergestellt werden, bevor sie außer Landes geschmuggelt wurden) und sie werden seitdem an geheimen Orten in Sembiran und Julah aufbewahrt. Nach Angaben der deutschen Ethnologin Dr. Brigitta Hauser-Schäublin „sind die weglassen Inschriften eine Art heiliges Erbe" und werden „nur anlässlich bestimmter Feste zur rituellen Reinigung aus ihren Verstecken geholt." Man sagt, die Sembiran seien früher im *Pura Bale Agung* von Julah aufbewahrt worden. Dieser Tempel, der nicht die für balinesische Hindutempel üblichen Skulpturen und Wandgemälde aufweist, wurde vermutlich im 9. oder Anfang des 10. Jahrhunderts erbaut. „Das geht aus den Originalsymbolen auf der Holztür des Tempels hervor", erklärt Ketut Sideman, Wächter des *Pura Bale Agung*. Julah lohnt einen Zwischenstopp, und sei es nur, um den *Pura Bale Agung* und die vor ihm aufragenden Banyan-Bäume zu bewundern. Anders als bei den meisten Tempeln der Insel ist es jedoch nicht gestattet, den *Pura Bale Agung* zu betreten. „Der Zutritt zum Tempel von Julah ist nur nach seiner rituellen Öffnung möglich, die unmittelbar vor Beginn eines Tempelfestes erfolgt", erläutert Hauser-Schäublin. „Betritt man ihn außerhalb der vom Ritual vorgeschriebenen Anlässe, so gilt das als Verunreinigung." Besucher dürfen aber um den Tempel herumgehen und einen Blick über die kaum brusthohen Mauern werfen. Dabei stellen selbst ungeübte Augen schnell fest, wie sehr sich dieser Tempel in seiner Bauart von anderen religiösen Bauten der Insel unterscheidet.

Wer mehr über die faszinierende Geschichte von Sembiran und Julah erfahren möchte, dem wird ein Blick in die (kostenlos zum Download zur Verfügung stehende) Publikation *Burials, Texts and Rituals – Ethnoarchaeological Investigations in North Bali, Indonesia*, herausgegeben von Brigitta Hauser-Schäublin und I Wayan Ardika empfohlen.

PURA DALEM BALINGKANG

*Ein chinesischer buddhistischer Tempel in einem
Hindutempel – Symbol zweier Kulturen*

*Pinggin, Kintamani, Bangli
Durchgehend geöffnet. Um den Tempel zu betreten, ist das Tragen eines
Sarongs vorgeschrieben*

Hoch oben im nordbalinesischen Hochland steht ein Tempel, um den sich eine schöne Liebesgeschichte rankt. *Pura Dalem Balingkang* in dem Dorf Pinggin (im Norden des Batur) vereint hinduistische und chinesische Traditionen. Steigt man die Stufen des Hindutempels hinauf, entdeckt man rechterhand einen chinesischen buddhistischen Tempel, den mehrere Laternen und eine große rote, in die Außenmauer geschnitzte chinesische Münze zieren.

Realität und Fiktion sind hier untrennbar ineinander verwoben, und es gibt verschiedene Versionen der Geschichte des Tempels. *Pura Dalem Banlingkang* wurde im 12. Jahrhundert gegründet, als Raja Sri Haji Jayapangus über Nord-Bali herrschte. Der Legende nach traf der König bei einem Marktbesuch eine zauberhafte Chinesin namens Kang Ching Wei, Tochter eines reichen Händlers. Nach der Hochzeit ließ der Herrscher zu Ehren seiner Gemahlin und als Symbol der Vereinigung zweier Kulturen den Tempel errichten und gab ihm den Namen *Balingkang* (zusammengesetzt aus *Bali* und *Kang*). Aus dieser Ehe entstand vermutlich auch der Brauch, in hinduistischen Opfergaben chinesische Münzen zu verwenden (s. S. 20).

Noch heute wird der Liebe zwischen Raja Sri Haji Jayapangus und Kang Ching Wei in einer Zeremonie gedacht: An *Barong Landung* werden riesige Bildnisse eines dunkelhäutigen Königs und einer hellhäutigen Königin in einer Prozession durch die Straßen von Pinggin getragen. Einer anderen Legende zufolge erinnern diese Darstellungen aber an üble Ereignisse.

Auch Jahre nach der Heirat waren Raja Sri Haji Jayapangus und Kang Ching Wei noch kinderlos. Das machte dem König Sorgen, und er zog sich deswegen zum Meditieren auf den Mount Batur zurück. Dort soll ihm eine Frau namens Dewi Danu begegnet sein, der er vorenthielt, bereits verheiratet zu sein. Aus der folgenden Verbindung ging ein Sohn hervor. Lange Zeit später fand Kang Ching Wei bei der Suche nach ihrem Mann heraus, dass dieser bei Dewi Danu lebte. Die Mutter von Dewi Danu soll daraufhin – schockiert zu erfahren, dass Raja Sri Haji Jayapangus bereits verheiratet war – den König und seine rechtmäßige Ehefrau mithilfe magischer Kräfte verbrannt haben. Das Volk trauerte um seinen Herrscher und es wurden die oben erwähnten zwei Bildnisse erschaffen, die bis heute verehrt werden.

Wie glaubwürdig diese Legenden tatsächlich sind, ist nicht zu sagen. Die in ihnen beschriebene religiöse Vermischung zeichnet jedoch ein recht genaues Bild des heutigen Bali, wo verschiedene friedlich zusammenleben. Indonesien ist mit 13 Prozent der gesamten muslimischen Weltbevölkerung das größte muslimische Land der Welt. Auf Bali bekennen sich aber nur 13 Prozent der Bevölkerung zum Islam. Knapp 84 Prozent der Balinesen sind Hindus, 2,5 Prozent Christen und nur 0,5 Prozent Buddhisten.

Der Kintamani: *die einzige originär indonesische Hunderasse*

Im Hochland rund um Kintamani (Bangli) begegnen einem Hunde, die nicht aussehen wie die Hunde, die man sonst auf balinesischen Straßen zu Gesicht bekommt, sondern eher wie kleine Alaskan Malamutes. Es handelt sich dabei um den *Kintamani* (oder *Kinta*), eine rund 50 Zentimeter große Rasse balinesischen Ursprungs. Zu den Kennzeichen zählen ein weißes (manchmal auch schwarzes) dichtes Fell, ein gebogener, buschiger Schwanz sowie dicke, stets wachsam aufgerichtete Ohren. „Diese Hunde sind exzellente Jäger", erklärt Pak Ketut Lingga, der selbst drei besitzt. „Sie sind außerdem sehr intelligent und loyal und gelten als gute Wachhunde." Darüber hinaus verfügen *Kintas* über einen ausgeprägten Geruchssinn, weshalb sie auch als Drogenspürhunde zum Einsatz kommen. Die genaue Herkunft dieser Rasse ist nicht bekannt, es soll sie aber schon vor 800 Jahren gegeben haben. Als Ursprung wird bisweilen der Chow-Chow genannt, der im 13. Jahrhundert mit einem chinesischen Händler namens Lee auf die Insel gelangt sein soll. Der *Kinta* entstand demnach aus einer Kreuzung mit balinesischen Wildhunden.

Inzwischen wurde das wissenschaftlich widerlegt. In einer Studie von 2005 fanden Forscher bei einer Gen-Analyse heraus, dass der *Kinta* nicht mit dem Chow-Chow, sondern nur mit dem balinesischen Straßenhund verwandt ist. Das Erbgut dieser beiden Arten ergab interessanterweise eine signifikante Nähe zum australischen Dingo. Das stützt die Hypothese, wonach Dingos sich aus Hunden aus Ostasien entwickelt haben, die mit der austronesischen Expansion auf die Inseln Südostasiens gelangt sein sollen. Darüber hinaus fanden die Wissenschaftler heraus, dass balinesische Straßenhunde wie die *Kintas* ihre Jungen gerne in einem Bau zur Welt bringen – ein charakteristisches Merkmal von Wildhunden.

Außerhalb Balis sind *Kintas* eher selten zu finden. Viele Hundezüchtervereine weltweit haben sie dennoch als eigenständige Rasse anerkannt.

Aktuell laufen Bemühungen um die Anerkennung des *Kinta* durch den kynologischen Weltverband FCI, die zentrale internationale Instanz in Sachen reinrassige Hunde.

Osten

Batu Ringgit

Tulamben

Amed

Culik

Gn Seraya

abi

⑪

Seraya ⑩

lapura

Jasri

Lombok Strait

dung Strait

N

0   6 km   12 km

DIE STATUE VON *RATU GEDE*

Die unsagbaren Schätze von Trunyan

Pura Pancer Jagat Trunyan, Trunyan, Kintamani, Bangli
Der Tempel kann offiziell nicht besichtigt werden. Auf (höfliche) Anfrage wird
er jedoch möglicherweise für Sie geöffnet, sofern Sie einen Sarong tragen
Eintritt frei, Spenden willkommen

Am östlichen Ufer des spektakulären Batur-Vulkansees liegt das Dorf Trunyan. Dort leben die *Bali Agas*, die als die Nachfahren der ersten Bewohner Balis gelten (s. S. 212). Das faszinierendste an Trunyan sind aber weder die Ursprünge der Bevölkerung, noch der See, sondern etwas Unsichtbares. Auf dem Gelände des *Pura Pancer Jagat* Tempels von Trunyan gibt es ein Artefakt, das so heilig ist, dass es dem strengsten Tabu unterliegt: Man darf es weder sehen, noch darüber sprechen. Es handelt sich um eine vier Meter hohe Steinstatue (*Ratu Gede*, oder auch *Da Tonte*) die im Inneren der *Meru*-Pagode steht. Diese Statue ist eines der bestgehüteten Geheimnisse Balis. Man sagt, es hätte sie schon gegeben, bevor das Dorf hier entstand, also vor mehr als 1000 Jahren. Wie sie hierhin transportiert wurde, und woher sie kam, sind nur zwei der vielen Rätsel, die diese Statue umgeben. *Ratu Gede* spielt im lokalen Mystizismus eine bedeutende Rolle. Den meisten Menschen bleibt der Zugang zu ihr versperrt. Nur Jugendliche bekommen sie zu Gesicht, wenn sie vor ihr ein Initiationsritual vollziehen, das den Übergang ins Erwachsenenalter markiert. Der Zugang zum Tempel (dessen Name mit „Nabel des Universums" übersetzt werden kann) ist Besuchern für gewöhnlich untersagt. Mit ein wenig Glück (und viel Höflichkeit) wird ordnungsgemäß mit einem Sarong bekleideten Touristen jedoch bisweilen Einlass gewährt. Weiter als bis zu einem großen (mit einem das Gleichgewicht symbolisierenden, schwarz-weißen *Poleng*-Tuch verhüllten) Steinblock gelangen auch sie nicht. Dahinter liegt die mit einem Schloss verriegelte Tür des *Meru*.

Die letzte Ruhestätte der „Hindus des Windes"

Trotz seiner abgelegenen Lage und des üblen Zustands der Zufahrtstraße zieht Trunyan viele Besucher an. Hauptattraktion ist ein Friedhof, der in einer nur per Boot zugänglichen Bucht rund einen halben Kilometer vor der Küste liegt. Die Einwohner von Trunyan, die *Bali Aga*, werden auch „Hindus des Windes" genannt, denn statt ihre Toten wie die *Bali Aga* aus Tenganan (die „Hindus der Erde") zu begraben oder zu verbrennen, legen sie die Leichen der Verstorbenen einfach in einer Art Bambuskorb unter einen *Taru-Menyan-Baum*, der den Verwesungsgeruch mildern soll.

Wayan Cipta, der Fremde im Boot zu dem Friedhof bringt, erklärt: „Das ist das Einzige, was die Touristen interessiert. Sie realisieren nicht, dass es an diesem Ort angesichts unserer kulturellen Tradition auch noch andere Dinge zu sehen gibt."

LAVAFELDER AM BATUR

Ein Spaziergang über versteinertes Feuer

Zufahrt über eine namenlose Straße, Ausgangspunkt an der Jalan Raya Kintamani, Batur
Selatan, Kintamani. Folgen Sie den Angaben auf Google Maps bis Bukit Payang

Der Batur ist unter Wanderern auf Bali sehr beliebt. Viele machen sich schon vor dem Morgengrauen auf den Weg, um den Sonnenaufgang zu bewundern. Wer die dramatische Vulkanlandschaft aber in Ruhe und

allein genießen möchte, geht einfach zu den riesigen Lavafeldern unterhalb Kintamanis. Die Lavafelder entstanden bei einem Ausbruch des Baturs im Jahr 1968; sie liegen am Südhang des Baturs. Die Mondlandschaft, die sich hier vor einem ausbreitet, hat nichts mit den Wäldern, Stränden und Reisfeldern gemein, für die Bali so berühmt ist.

Man erreicht die Lavafelder einfach mit dem Auto oder dem Motorrad; es sollte aber dazu gesagt werden, dass die steile, kurvige Straße Jalan Raya Kintamani nichts für schwache Nerven ist. Früh am Morgen ist diese Fahrt nicht zu empfehlen und auch am Tage ist angesichts scharfer Felskanten und tiefer Erdspalten höchste Vorsicht geboten. Für die mit den Kräften der Erde vertrauten Balinesen bilden die Vulkane wie auch der Gott Shiva (der zugleich Zerstörer und Schöpfer ist) den Ursprung der reichen landwirtschaftlichen Flächen auf den Hochebenen von Kintamani. Beim Spaziergang über die Lavafelder kann man den Gipfel des Batur – und östlich davon den Gipfel des Agung – immer sehen. Auf sie gehen die traditionellen *Candi Bentar* („gespaltene Tore") der Insel zurück: Der Legende nach soll Shiva den mythischen Berg Meru gespalten und so den Batur und den Agung geschaffen haben.

Interessanterweise gibt es keine schlüssige Erklärung für die riesige schwarze Felsansammlung von Kintamani, weil man bis heute das Ausmaß der gigantischen Eruption, durch die auch der Batur-See entstand, nicht mit Sicherheit bestimmen kann.

Jeden Morgen kann man die mit Taschenlampen ausgerüsteten Besucher sehen, wie sie auf den Batur steigen. Den wenigsten von ihnen ist dabei vermutlich bewusst, dass sie sich auf einem der am stärksten frequentierten Wanderwege Indonesiens befinden, den Hunderte andere vor ihnen bereits auf der Suche nach dem perfekten Selfie gegangen sind. Die Aussicht ist fantastisch, der Aufstieg selbst jedoch angesichts der Menschenschlange, die sich den Berg hinaufzieht und an Engstellen immer wieder zum Stillstand kommt, eher ernüchternd.

Rein technisch betrachtet ist der Aufstieg auf den 1717 Meter hohen Batur nicht anspruchsvoll und kann auch gut allein unternommen werden. Wer möchte, kann an einer geführten Tour, wie sie schon in Ubud angeboten werden, teilnehmen. Ein Unternehmen vor Ort bemüht sich allerdings, der Konkurrenz aus Ubud die Stirn zu bieten, und Touren auf den Batur mit lokalen Führern durchzusetzen. Die Preise sind in der Regel angemessen und angesichts der Tatsache, dass die örtliche Bevölkerung jeden Morgen miterleben muss, wie hunderte Menschen durch ihre Dörfer strömen, scheint es nur gerecht, wenn sie zumindest finanziell davon profitieren.

Indonesien liegt auf dem Kamm des Pazifischen Feuerrings und hat mit 127 aktiven Vulkanen die meisten Vulkane weltweit. Seit Beginn der Aufzeichnungen im Jahr 1804 eruptierte allein nur der Batur schon 27 Mal.

DER PLAZENTA-FRIEDHOF VON BAYUNG GEDE ③

Ein Ort der Wiedergeburt für die spirituellen Brüder und Schwestern

Bayung Gede, Kintamani, Bangli

Im Süden der Ortschaft Bayung Gede liegt ein kleiner Wald, der in seiner Art weltweit einzigartig ist. Für die Menschen aus der Gegend ist er ein heiliger Ort, denn er beherbergt einen Friedhof für die Plazentas aller hier geborenen Babys.

Überall auf Bali wird die Plazenta als spiritueller Zwilling eines Neugeborenen betrachtet. Sie trägt den Namen *Ari Ari* („kleiner Bruder", denn die Plazenta wird, so sagt man, nach dem Baby „geboren"), wird in parfümiertem Wasser gewaschen, und anschließend in ein Tongefäß oder eine Kokoshälfte gelegt. Dornen werden zum Schutz vor bösen Geistern dazugelegt. Anschließend wird sie außerhalb des Hauses der Familie bestattet. Wurde ein Junge geboren, wird die Plazenta rechts neben der Haustür vergraben, wurde ein Mädchen geboren, wird die Plazenta links neben der Haustür vergraben. 42 Tage lang werden Opfergaben dargebracht und über dem Gefäß Räucherstäbchen und Kerzen angezündet.

In Bayung Gede existiert aber eine andere Tradition. Weil Blut als unrein gilt, dürfte der *Mangu* (Priester des Ortes) in Häusern, neben denen Plazentas begraben liegen, keine Rituale vollziehen. Deswegen, und um die Reinheit des Dorfes zu bewahren, werden die Plazentas nach der rituellen Waschung in eine Kokosnuss eingeschlossen, und an einen Ast von einem *Bukang*-Baum am südlichen Ende des Dorfes gehängt.

Setra Ari Ari, der „Friedhof der Plazentas", liegt in einem ruhigen Wald, umgeben von einem gepflasterten Weg und einer niedrigen Mauer. In den Bäumen hängen Hunderte von Kokosnussschalen. Bei einigen haben sich die Schnüre mit der Zeit aufgelöst, und sie liegen nun auf dem Boden.

Bis vor kurzem war das Dorf durch den es umgebenden heiligen Wald nahezu vollständig isoliert. Manche Traditionen, wie die des *Ari Ari* - Friedhofs, haben hier deswegen eine andere Form angenommen als im Rest Balis.

Nach balinesischem Glauben ist *Ari Ari* eines der *Kanda Empat*, also eines der 4 Geschwister, die das Baby nicht nur im Bauch der Mutter beschützen, sondern für den Rest seines Lebens. Mit „vier Geschwister" sind die Plazenta *Ari Ari*, das Fruchtwasser *Yeh Nom*, das Blut *Rah*, und die Käseschmiere *Lamas* gemeint.

DIE *ENDEK*-WEBER VON TELAGA TAWANG ④

Eine aussterbende Tradition

Bali Arta Nadi, Jalan Semarpura-Karangasem, Telaga Tawang, nahe Sidemen, Karangasem
Täglich von 8–17 Uhr

D ie Tradition des Webens ist in Südostasien tief verankert und die schönen Stoffe, die in der Region gefertigt werden, finden sowohl für Alltagskleidung, als auch für religiöse Zeremonien und als Ausdruck des sozialen Status Verwendung. In Indonesien waren manche Stoffe einst Königen vorbehalten. Mit ihrer Herstellung wurden die Frauen des Palasts betraut. Auf Bali trugen ausschließlich Mitglieder der oberen Kasten den *Ikat*-Stoff endek. *Ikat* ist eine Webtechnik, bei der das Garn mit Motiven abgeklebt und in einem besonderen Verfahren abschnittsweise eingefärbt wird. Meist werden die Kettfäden gefärbt (die Fäden, die auf dem Webstuhl in Längsrichtung aufgespannt werden). Beim *Endek*-Stoff werden die Motive hingegen auf die Schussfäden aufgebracht (die Fäden, die quer im Webstuhl liegen).

Inzwischen ist das Weben von *Endek*-Stoffen keiner bestimmten Kaste mehr vorbehalten. Der Stoff ist sehr beliebt, und wird sogar häufig für Uniformen verwendet. Der *Endek* soll ursprünglich aus Klungkung, Gianyar und Karangasem stammen und wird in der Gegend um das Dorf Sidemen noch immer von Hand hergestellt. Die Fertigung erfolgt in einem komplexen Verfahren, an dem mehrere Personen beteiligt sind.

In Telaga Tawang kann man zwei Produktionsschritte der Herstellung von *Endek* mitverfolgen. Im Atelier Arta Nadi kann man den Webvorgang beobachten. Und nur wenige hundert Meter weiter (in einem rosafarbenem Haus) kann man dabei zusehen, wie Jungen Motive auf die Schussfäden aufbringen. Der Schussfaden wird anschließend um einen Rahmen gewickelt und mit einem Stift im Abstand von einem Zoll (2,54 cm) rasterartig markiert.

Diese Vorbereitung (*Mebed*) erfolgt heute anders als früher nicht mehr mit Palmblättern – deren wechselnde Farbgebung damals anzeigte, wann sie entfernt werden mussten, damit der Stoff das gewünschte Motiv erhielt – sondern mit Plastikbändern.

Nach dem Färben der Fäden (in einem anderen Dorf) werden diese nach Telaga Tawang zurückgebracht, wo in Arta Nadi der *Endek* gewebt wird. Die Webstühle werden in der Grundfarbe des zu arbeitenden Stoffes bespannt, bevor Frauen und Mädchen (die das traditionelle Handwerk in den Ferien erlernen) aus den gefärbten Schussfäden Sarongs weben. Da das Motiv bei dieser Technik mit dem Schussfaden gewebt wird, ist die Arbeit schwieriger, als wenn das Motiv bereits auf dem Webstuhl vorgezeichnet wäre. Um ein klares Motiv zu erhalten, müssen die Weberinnen den Faden deshalb nach jeder Reihe neu ausrichten.

Rund einen Arbeitstag benötigen die Frauen für die Sarongs, die im Atelier Arta Nadi schließlich für einen Preis ab rund 350.000 Indonesischen Rupiah verkauft werden.

WERKSTATT FÜR
PALMYRAPALMEN-PAPIER

Wo das Verb „blättern" seinen wahren Sinn entfaltet

Dusun Tengah Sidemen, Karangasem
Privates Wohnhaus: Eintritt frei, Spenden willkommen

Jahrhundertelang schrieb man in Bali auf Papier, das aus den Blättern der Palmyrapalme hergestellt war. Dabei spielte es keine Rolle, ob es sich um religiöse oder um alltägliche Texte handelte. Bei der als *Lontar* bezeichneten Technik werden Zeichnungen und Texte auf schmale Blätter aufgetragen und zwischen zwei Bambusdeckeln gebunden. Tausende dieser wertvollen Manuskripte können im Museum *Gedong Kirtya* in Singaraja bewundert werden. Über die Entstehung ihrer Seiten wissen jedoch nur wenige Bescheid. Die Werkstatt von I Gusti Ngurah Anom im Dorf Tengah ist eine der letzten, die diese Blätter noch heute fertigt. „Die Herstellung erfordert viel Zeit und Know-how", so der alte Mann, inmitten von *Tepesan* (Pressen, in welche die *Lontar*-Blätter zum Trocknen eingespannt werden) auf seiner Veranda sitzend.

Da es in der Gegend nur wenige Palmyrapalmen gibt, kauft der Handwerker die Blätter bereits geschnitten bei einem Lieferanten. Ngurah, der schon seit seiner Heirat *Lontar*-Blätter fertigt, erklärt uns, dass aus den ältesten Blättern die robustesten Seiten entstehen.

Der Prozess beginnt mit dem viertägigen Einweichen der Blätter in kaltem Wasser. Dann werden sie einen Tag lang gekocht und anschließend einen weiteren Tag im Hof zum Trocknen ausgebreitet. „Ich hoffe immer, dass es an diesen Tagen windstill ist, sonst fliegen die Blätter überall herum", lacht Ngurah. Nach dieser ersten Trocknung in der Sonne werden die *Lontars* einzeln bearbeitet. Stück für Stück werden sie grob auf die Größe des jeweiligen *Tepesan* zugeschnitten und von Hand mit je drei Löchern versehen (eines in der Mitte, zwei weitere an den Rändern), über die sie später zu „Büchern" gebunden werden. Schließlich spannt Ngurah die Blätter in einen großen, selbst gebauten *Tepesan* ein, in dem sie zwei Wochen gepresst werden. In einem kleineren *Tepesan* werden sie danach weitere drei Wochen lang gepresst. Bevor die Blätter aus dieser letzten Presse herausgenommen werden, werden die Ränder glatt beschnitten und rot gestrichen. Ist die Farbe getrocknet, nimmt Ngurah die *Lontars* aus der Presse.

In den Souvenir-Shops der Insel finden sich häufig balinesische Kalender (s. S. 22) und Szenen aus dem indischen Nationalepos *Ramayana* in aus *Lontar*-Blättern gebundenen Büchern (s. folgende Doppelseite). Die Wahrscheinlichkeit, dass diese aus der Werkstatt von I Gusti Ngurah Anom stammen, ist relativ hoch.

Aus der Distanz erinnert die Palmyrapalme (*Borassus flabellifer*) an einen riesigen Lolli. Sie erreicht eine Höhe von bis zu 30 Metern und bildet in der Krone rund 60 fächerförmige Blätter aus, die zum Eindecken von Dächern, zum Errichten von Mauern, als Webmaterial oder zur Fertigung von Cili (Bildnisse der Reis- und Fruchtbarkeitsgöttin Dewi Sri) verwendet werden.

WERKSTATT FÜR *LONTAR*-BÜCHER ⑥

*Eine jahrhundertealte Tradition der Fertigung
traditioneller Manuskripte*

*Griya Ulah, Sidemen, Karangasem, fragen Sie im Dorf nach dem Haus von Ida
Bagus Artamawa (Adressen gibt es hier nicht)*
*Für eine Einführung in die Lontar-Kunst kontaktieren Sie Ida Bagus Artamawa
unter 0852 3726 1967*

Das Dorf Tenganan ist für seine Palmblattmanuskripte (*Lontars*) weithin berühmt. Weniger bekannt ist indessen, dass es im Osten der Insel, in der kleinen Ortschaft Sidemen, eine Handvoll Künstler gibt, die sich der Fortführung der hochkomplexen Kunst der Herstellung traditioneller balinesischer Bücher (s. vorige Doppelseite) verschrieben haben.

„Beim Schreiben ist besondere Vorsicht geboten", erklärt der Künstler Ida Bagus Artamawa, während er präzise eine scharfe Klinge eng an seinem linken Daumen entlang über das Blatt führt. „Wenn Sie einen Fehler machen, ist das ganze *Lontar* verdorben."

Die eingeritzten Markierungen werden anschließend mit „Tinte" ausgefüllt, indem das Manuskript mit einer verkohlten Nuss des Lichtnussbaums (*Kemiri*) eingerieben und anschließend mit einem Tuch abgewischt wird. Die mit dem Öl der Nuss vermischte Asche verbleibt in den eingeritzten Vertiefungen und bringt so den Text zum Vorschein. „Wenn es gut läuft, kann ich ein Manuskript in fünf Tagen fertigstellen. Andernfalls dauert es eine Woche", fügt der Künstler hinzu.

Ida Bagus Artamawa trägt nach alter Tradition einen Sarong. Arbeiten tut er zu Hause. Dort fertigt er nicht nur *Lontars* für Balinesen und Touristen, sondern gibt Interessierten auch Einführungen in seine Kunst. Auf den ersten Blick scheint die Technik einfach zu erlernen zu sein. Die feinen Adern auf den Blättern machen diese Kunst jedoch schwieriger, als es zunächst den Anschein hat.

Über Generationen dienten *Lontars* dazu, religiöse und profane Texte zu übermitteln (vor allem Handbücher für Puppenspieler und Heiler). Die auf Bahasa, Sanskrit oder Kawi (das alte Javanisch) verfassten Manuskripte umfassen meist nur vier Zeilen, die sich von ganz links nach ganz rechts über einen schmalen Papierstreifen erstrecken.

Je nachdem, welches Thema in den Manuskripten behandelt wird, werden verschiedene Kategorien von *Lontars* unterschieden: als *Weda* werden heilige Schriften bezeichnet, während *Usada Lontars* sich mit traditioneller Medizin befassen. Die bei Touristen beliebten illustrierten *Prasi Lontar* enthalten Szenen aus dem *Wayang* („Schattentheater"), das vor allem auf Java und Bali populär ist.

Die *Gedong-Kirtya*-Bibliothek in Singaraja wurde im Jahr 1928 von der niederländischen Regierung gegründet und beherbergt eine große Sammlung von *Lontars*. Jalan Veteran 23, Singaraja, Buleleng; Montag bis Donnerstag 7:30–15:30 Uhr, Freitag 7–12:30 Uhr.

HAUSGEMACHTER ARAK

Die älteste Arak-Brennerei von Sidemen

Jalan Semarapura-Karangasem, Telaga Tawang, Sidemen, Karangasem
0852 3830 8513
Täglich geöffnet (Eintritt frei, Spenden willkommen. Am besten kaufen Sie einfach eine Flasche Arak)

Eine kleine Hütte hinter einem Bauernhof am Ende einer Piste in Telaga Tawang. Hier liegt die älteste *Tempat Mulang* (Arak-Brennerei) von Sidemen. Trotz ihres bescheidenen Äußeren handelt es sich um einen Familienbetrieb, der sich mit seinem vertrauenswürdigen, sicheren und überraschend milden *Arak* einen guten Ruf erarbeitet hat. Trunkenheit wird einem auf Bali (zumindest unter Einheimischen) dennoch nur selten begegnen, der Staat erhebt hohe Steuern auf Alkohol. Um die strengen

Gesetze zu umgehen, stellen nicht wenige findige Indonesier ihren eigenen *Moonshine* („Mondschein" – schwarz gebrannter Schnaps) her. Der berühmteste (und stärkste) von ihnen ist der *Arak*. Der Name bezeichnet eine ganze Reihe von in verschiedenen Regionen Asiens und des östlichen Mittelmeerraums aus Früchten, Getreide, Reis, Kokosnüssen, Palmen oder Zuckerrohr gebrannten Spirituosen. „Ich kenne mindestens 17 lokale Baumarten, aus denen man *Arak* herstellen kann", bestätigt Wayan Subrata, der als einer der besten *Arak*-Erzeuger in der Region Sidemen gilt. „Die einfache Kokospalme eignet sich aber am besten." Früh am Morgen macht sich Wayan auf den Weg, um den frischen Kokosblütensaft zu sammeln. Zwei Tage lang lässt er ihn dann mit einer Kokosnussschale ziehen. Die so entstandene Flüssigkeit wird daraufhin acht Stunden in einem *Kekeb* (einem holzverkleideten Kessel) gekocht. Der destillierte *Arak* steigt über ein Rohr im oberen Teil des *Kekeb* auf, wird mit Wasser gekühlt und läuft anschließend über ein Bambusrohr als farbloser (rund 30- bis 50-prozentiger) Alkohol in einen Kanister. Der stärkste *Arak* (Klasse 1) fließt als erster heraus. „Der haut rein", weiß Wayan, „aber die zweite und dritte Charge ist leichter." Wenngleich die Produktion illegal ist, wird *Arak* in weiten Teilen Indonesiens in mehr oder weniger geheimen Brennereien im Hinterland erzeugt. Da er auch bei religiösen Zeremonien Verwendung findet, wird das toleriert. In den vergangenen Jahren kam es durch stümperhaft destillierten (zum Teil sogar in Supermärkten zum Kauf angebotenen) Alkohol immer wieder zu Erblindungen und sogar Todesfällen. Es wird daher dringend davon abgeraten, *Arak* zu kaufen oder zu trinken, von dem man nicht weiß, woher er stammt. Es gibt jedoch genügend einheimische Kenner, auf deren Rat man vertrauen kann und die Fremden gerne den Weg zu zuverlässigen Herstellern weisen.

Indonesischer Arak

Hier und da begegnet einem auch die Schreibweise *Arrack*, meist jedoch wird das indonesische Feuerwasser als *Arak* bezeichnet (wie das gleichnamige, aber völlig andere Getränk auf Traubenbasis und mit Anisaroma, das vielen aus dem Orient bekannt ist). *Tuak* ist der Saft aus dem Blütenstängel des Aren-Baums (der in der Produktion von Palmzucker zum Einsatz kommt). Bei der ersten Sammlung enthält *Tuak* keinen Alkohol und weist einen limonadenartig-säuerlichen Geschmack auf. Durch Fermentierung wird dieser Saft jedoch zu einem alkoholischen Getränk. Der *Brem* wiederum ist im Grunde genommen ein Reiswein, wird jedoch oft mit *Arak* und *Tuak* verwechselt. Er wird aus Klebreis hergestellt, der mit Hefe eingekocht wird und dann einige Tage fermentiert. *Arak* und *Brem* werden gerne den Göttern als Opfergabe dargebracht, um den Zorn der *Bhuta Kala* (Spukgeister und Totenseelen) zu besänftigen.

MAHNMAL ZUM GEDENKEN AN DEN *PUPUTAN* VON KLUNGKUNG

Ein balinesisches Ehrenmal

Ecke Jalan Untung Surapati/Jalan Gajah Mada, Semarapura, Klungkung
Täglich von 8–17 Uhr
50.000 Rupiah pro Person (der Eintritt umfasst den Zugang zum Semarajaya-Museum, zum Kertha Gosa Klungkung, zum Puri Klungkung sowie zum Balai Budaya Klungkung)

Der Name Klungkung ließ die Könige aus der Region lange Zeit erzittern. Diesen Distrikt anzugreifen hätte keiner von ihnen gewagt. Das Mahnmal zum Gedenken an den *Puputan* von Klungkung erinnert an den heroischen König Ida I Dewa Agung Jambe sowie 200 anonyme balinesische Helden (s. S. 28). Ungewöhnlich ist die hier gewählte Form eines 28 Meter hohen *Lingga Yoni*. Dieses phallusartige Symbol (s. S. 208) lässt Spielraum für verschiedene Interpretationen – Symbol des Gottes Shiva, Wiedergeburt, Reinkarnation, Erreichen des Nirwana durch jene, die an diesem Ort bestattet sind...

Der *Puputan* als ritueller Suizid ist bekannt. Was damals genau geschah, kann niemand mehr sagen. Betritt man den *Yoni* durch die Seitentür, sieht man lebensgroße Statuen des Königs, seiner Familie und seiner Wachen. Darum herum angeordnet finden sich einige Dioramen, welche die letzten Epochen der großen balinesischen Königreiche illustrieren.

Am 17. April 1908 trat König Ida I Dewa Agung Jambe in Begleitung seiner Familie und seines Gefolges vor die Tore seines Palasts und stellte sich den niederländischen Truppen entgegen. Er trug seine berühmten *Kris*-Dolche bei sich (s. S. 196), welche die balinesischen Kräfte einer alten Prophezeiung nach unbesiegbar hätten machen sollen. Leider erfüllte sich die Prophezeiung nicht, und das letzte unabhängige Königreich von Bali fiel unter dem Feuer der Besatzer. Der König wurde von niederländischen Kugeln niedergestreckt. Sechs seiner Frauen starben unmittelbar danach in einem *Sati* (hinduistisches Ritual, bei dem eine Witwe ihrem Ehemann durch Suizid in das nächste Leben folgt). Im Angesicht dieses Unheils nahmen sich rund 200 Anhänger des Königs ebenfalls das Leben. Ein solcher ritueller Selbstmord, der vielen einer Demütigung durch Kapitulation vorzuziehen schien, ist auf Bali unter der Bezeichnung *Puputan* bekannt und ereignete sich in den ersten Jahren nach der niederländischen Invasion mehrmals auf der Insel. Die Chance, jemals herauszufinden, wie viele Menschen in diesen *Puputans* tatsächlich den Tod fanden, ist gering. Von den Balinesen überlebte niemand, und die Niederländer empfanden das als solche Schmach, dass sie die Ereignisse nicht in ihren Berichten erwähnten. Selbst die härtesten Soldaten (die Augenzeugenberichten zufolge die Paläste und die königlichen Leichen plünderten) sollen dem furchtbaren Anblick kaum ertragen haben. Im Jahr 1906 ereignete sich im heutigen Denpasar ein ähnlicher *Puputan*, bei dem Schätzungen zufolge 3600 Balinesen starben. In den offiziellen niederländischen Berichten ist zwar nur von 450 Toten die Rede, der Künstler Wijnand Otto Jan Nieuwenkamp (s. S. 180) berichtet jedoch in einem Brief an seine Frau von der „Schlacht" und dem „widerlichen Massaker", deren Augenzeuge er wurde, und spricht von mehr als 1800 toten Balinesen, während die Niederländer nur vier Männer verloren.

DIE SALZWIESEN VON KUSAMBA ⑨

Bio-Salz an einem Strand im Osten Balis

Jalan Raya Goa Lawan, Kusamba, Klungkung
An der Küstenstraße nahe Pura Goa Lawah weisen Schilder den Weg zum
„Natural Salt Maker"

Im Osten von Amlapura liegt ein Strand, an dem in der Trockenzeit in einem jahrzehntealten Verfahren ein hochwertiges Salz geerntet wird. Reinheit und Geschmack dieses Salzes sind in ganz Bali berühmt. Ein Schild in der Nähe des Strandes nennt es sogar das „schmackhafteste Salz der Welt". Die Produktion des Salzes ist kompliziert und anstrengend und folgt einer sieben Jahrzehnte alten Tradition. Wer mag, kann den Menschen bei der Arbeit zusehen. Früh am Morgen füllen die Salzbauern ihre speziellen, an einem Tragjoch befestigten, je 30 Kilogramm schweren Behältnisse mit Meerwasser und gießen dieses auf eine dunkelgraue Sandfläche. Dieser Vorgang wird mehrmals wiederholt. Anschließend verbleibt das Wasser in diesem Bereich, wo es vor der Flut geschützt über mehrere Tage in der Sonne verdunstet. Ist die Fläche ausreichend getrocknet, wird die obere und jetzt salzhaltige Sandschicht geerntet und in einer Reihe von Rinnen aus Palmstämmen mehrmals mit Meerwasser ausgespült. In jeder dieser drei Rinnen entsteht Sole von unterschiedlicher Qualität und mit einem gegenüber Meerwasser etwa zehnmal höheren Salzgehalt. Die Sole wird anschließend in flache Gefäße gefüllt, die in Palmstämme gestellt werden. Zwei Tage später ist das Wasser verdunstet und was bleibt, ist Meersalz. „Wenn es regnet, ruhen wir uns aus", erklärt eine Frau, die seit fünfzig Jahren in dem Salzgarten arbeitet. „Als kleines Mädchen habe ich von meinen Eltern eine Methode erlernt, die uns das japanische Volk gelehrt hat." In der Tat blickt Japan auf eine lange Tradition auf dem Gebiet der Salzgewinnung zurück. (Eines der ältesten Branchen-

register stammt aus dem 8. Jahrhundert, das Handwerk selbst reicht deutlich weiter zurück.) Das am Strand von Kusamba gewonnene Salz wird vor Ort verkauft und von den Salzbauern selbst in kleine Beutelchen verpackt. Ein Kilogramm dieses hochwertigen Salzes kostet nur 40.000 Rupiah. Für Reisende ist es nicht nur eine köstliche Erinnerung, sondern es verleiht ihren Gerichten interessanterweise auch einen leicht süßen Geschmack, ganz wie es ein Schild an der Hütte eines der Salzwerker verspricht: „Süß ist das mysteriöse Salz."

FÄRBER- UND WEBERGENOSSENSCHAFT VON SERAYA

Stoffe und Farben mit reicher Tradition

Banjar Dinas Kangin, Desa Seraya Timur, Karangasem – Täglich von 8–18 Uhr

Am Rande einer der malerischsten Straßen Balis liegt ein kleiner Küstenort, in dem sich eine Färber- und Webergenossenschaft befindet, die heute noch Baumwolle mit natürlichen, von Hand aus Blättern, Wurzeln und Blüten gewonnenen Farbstoffen färbt. Auch sogenannte *Rangrangs*, traditionelle Stoffe, die ohne den Einsatz der hiesigen Arbeiter dem Untergang geweiht gewesen wären, werden hier gefertigt. Die Werkstätten stehen Besuchern offen und bieten einen Einblick in die verschiedenen Verarbeitungstechniken. Wer möchte, darf sogar selbst Hand anlegen. Die Landschaft rund um Seraya ist schroff und spektakulär. Von der Halbinsel aus erstreckt sich der Indische Ozean von Lombok im Osten bis nach Nusa Penida im Süden. So überrascht es kaum zu erfahren, dass die Stoffe aus Nusa Penida einst die Aufmerksamkeit der Weber aus Seraya weckten. *Rangrang* (was so viel bedeutet wie „offen" oder „löchrig") bezeichnet ein Gewebe mit kleinen Schlitzen, das auf einem speziellen Webstuhl, dem *Cagcag*, gefertigt wird. Anders als die meisten Stoffe, die über einen durchlaufenden Schussfäden gearbeitet werden, wird der *Rangrang* auf einem Fadenbündel gewebt, wodurch ineinander übergreifende Zickzack-Motive oder Rauten sowie kleine Öffnungen im Stoff entstehen. Den indonesischen Spezialisten von *Threads of Life* zufolge „wurden diese filigranen Stoffe bei rituellen Zeremonien als eine Art Büstenhalter verwendet, nachdem beschlossen worden war, dass Frauen nicht mit freier Brust tanzen sollten." Darüber hinaus ist die Genossenschaft einer der wenigen Orte der Insel, wo natürliche Farbstoffe hergestellt werden. Ihr Geschäftsführer Pak Karya zählt zu den führenden indonesischen Experten auf dem Gebiet dieser traditionellen Technik. „Sehen Sie sich diese Farbe an!" ruft er begeistert und entnimmt einem mit Indigoblättern gefüllten Becken eine kleine Tasse mit brauner, fast schlammiger Flüssigkeit. „Sie ist noch nicht blau genug, sie braucht noch Sauerstoff", erklärt er und rührt die Mischung durch, die sogleich eine wunderbar indigoblaue Farbe annimmt.

Allein zu beobachten, wie die Farben hergestellt werden, ist ein magisches Erlebnis. Blau wird aus den Blättern des Indigobaums extrahiert, Gelb aus der Haut von Granatäpfeln und Rot aus den Wurzeln des Nonibaums. Manche Farben werden gekocht, andere nicht. Und am Ende des bis zu vier Tage andauernden Prozesses tauchen aus den Becken Baumwollstoffe in atemberaubenden Farben auf. „Für Schwarz ist ein doppelter Durchlauf erforderlich", erläutert Pak Karya, „da der Stoff zunächst Blau, dann Braun gefärbt werden muss." Nach dem Färben wird die Farbe mit einem aus *Tuak* (s. S. 162) gewonnenen Essig fixiert. Die von der Genossenschaft gefertigten Stoffe werden direkt vor Ort vermarktet. Ein kleineres Stück kostet rund 400.000 Rupiah, was angesichts der aufwändigen Handarbeit, die in diesen Kunstwerken steckt, mehr als angemessen erscheint.

DIE *WALLACE-LINIE* ⑪
Eine einzigartige Fahrt entlang der Wallace-Linie

Jalan Kerangasem-Seraya, Karangasem

A ls der Naturforscher Alfred Russel Wallace (1823–1913) den indonesischen Archipel vor 160 Jahren erforschte, fiel ihm auf, dass es eine Linie zu geben schien, beiderseits derer sich Flora und Fauna offensichtlich voneinander unterschieden. Im Osten glich das Ökosystem dem in Australien, während im Westen eher asiatische Merkmale zu finden waren. Diese biogeografische Grenze durchläuft Indonesien zwischen Borneo und Sulawesi sowie zwischen Bali und Lombok. Wer die

Wallace-Linie auf Bali mit eigenen Augen sehen möchte, folgt der Jalan Kerangasem-Seraya, die sich atemberaubend entlang steiler Felswände im äußersten Osten über die Insel schlängelt. Von hier aus sind die weniger als 40 Kilometer vor der Küste gelegenen Hügel der Insel Lombok zu sehen. Die Strömung ist dort so stark, dass es der Fauna nie gelungen ist, die Meerenge, die den Osten vom Westen Indonesiens trennt, zu überwinden. Bali war so traditionell das Land der Tiger, Hirsche und Affen, während auf der anderen Seite für keines dieser Tiere je ein natürliches Vorkommen nachgewiesen werden konnte. Aber nicht nur die unerbittlichen Strömungen waren unüberwindbar, sondern zugleich das Wasser so tief, dass es während der Eiszeiten nicht gefror und somit keine natürliche Passage bildete, über die Tiere den Weg auf die andere Seite gefunden hätten.

Wallace selbst hielt sich nur kurz auf Bali auf (s. S. 114), legte auf dem, was später Indonesien werden sollte, jedoch insgesamt rund 22.000 Kilometer zurück. Die Beobachtungen, von denen er in seinem Buch *Der Malayische Archipel* berichtet, sind noch heute eine Referenz auf dem Gebiet der Erforschung der regionalen Ökosysteme. Auch leistete die Arbeit des Waliser Naturforschers einen nicht unerheblichen Beitrag zu der von Charles Darwin (1809 – 1882) entwickelten Evolutionstheorie. Während Darwin jedoch eine Grabstätte in der Westminster Abbey zuteilwurde, befindet sich die letzte Ruhestätte von Wallace auf einem bescheidenen kleinen Friedhof in Dorset. Sein Grabmal – ein versteinerter Baum – erinnert in seiner Form interessanterweise an einen Phallus.

Einige Historiker vertreten die Meinung, dass der Mensch in dieser Meerenge erstmals versucht hat, den Ozean zu überqueren (s. S. 140). Aufgrund der extrem schwierigen Navigation in diesen Gewässern sind beim Gedanken an einfache Bambusboote allerdings durchaus Zweifel angebracht, ob diese Theorie besonders realistisch ist. Bei Ebbe tut sich zwischen der Hauptinsel und der 40 Meter entfernten kleinen Insel Gili Selang eine Landverbindung zum östlichsten Punkt von Bali auf. Nach der nächsten Kurve auf der Küstenstraße Karangasem-Seraya stellt man angesichts der vielen *Jukungs* (kleine traditionelle indonesische Fischerboote aus Glasfaser oder manchmal auch Holz) fest, dass die Küste unterhalb von kleinen Buchten gesäumt ist. Kaum vorstellbar, dass in den umliegenden Dörfern genügend Menschen leben, um all diese wie buntes Treibholz am Kiesstrand liegenden Boote zu steuern. Eine halbe Stunde später ist ein Küstenabschnitt erreicht, der den Namen Amed trägt und für seine schimmernden Riffe berühmt ist. Trotz der auch hier starken Strömung ist dies eines der beliebtesten Tauch- und Schnorchelreviere der Insel. Auf seinen Reisen entdeckte Wallace rund 5000 bis zu jener Zeit unbekannte Arten. Wie viele weitere hätte er gefunden, wenn er auch unter Wasser gesucht hätte?

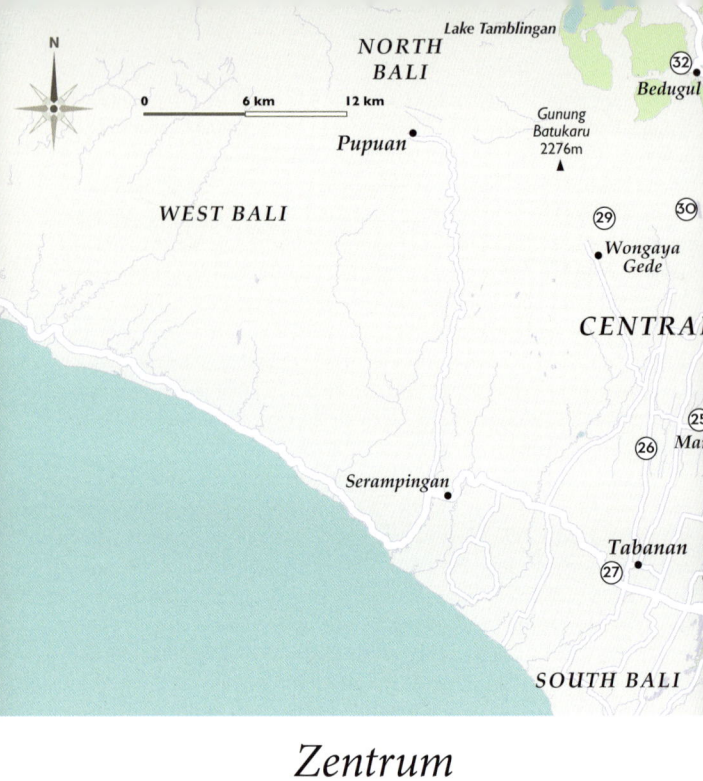

Zentrum

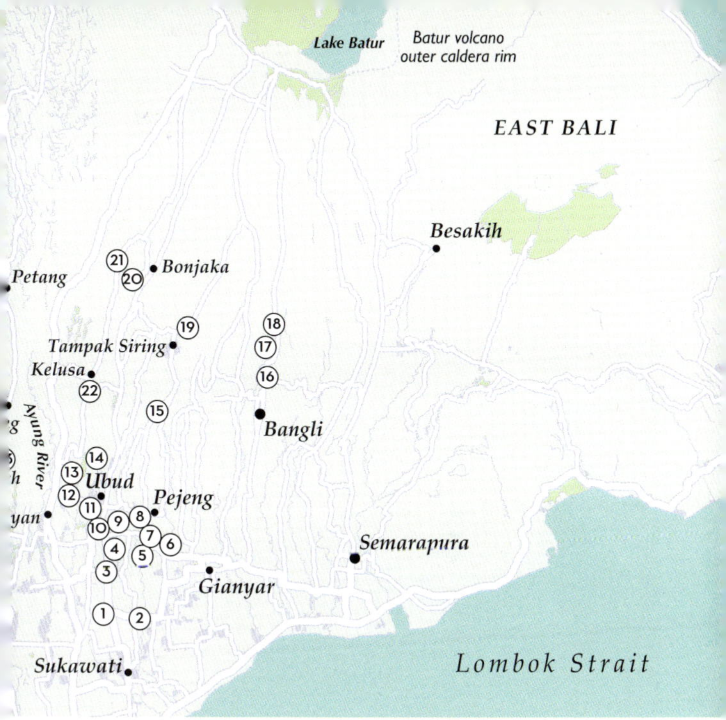

Lake Batur · Batur volcano outer caldera rim

EAST BALI

Besakih

㉑
⑳ · Bonjaka

Petang

⑲
Tampak Siring
Kelusa
㉒

⑱
⑰
⑯

⑮

Bangli

Ayung River

⑭
⑬ Ubud
⑫ ⑪
⑨ ⑧ Pejeng
⑩
④ ⑤ ⑦ ⑥
③

Semarapura

① ②

Gianyar

Sukawati

Lombok Strait

DIE *STATUE DES FETTEN BABYS*

Der geografische Mittelpunkt von Bali – wo man die Götter um Babys bittet

An der Kreuzung zwischen Sakah und Blahbatuh an der Jalan Raya Sakah, Sukawati, Gianyar

Die *Patung Bayi Gemuk* Statue („*Statue des Fetten Babys*") wird von vielen Einheimischen auch *Blah Tanah* (Erdmittelpunkt) genannt. Schon durch einen flüchtigen Blick auf die Karte von Bali erkennt man aber sofort, dass das nicht stimmen kann. Die Statue ist 8 Meter hoch, steht an der Kreuzung dreier Straßen, und man kann sie kaum verfehlen.

Das auf einem Korallensockel stehende Baby sieht sehr fröhlich und zufrieden aus (und extrem gut genährt). Trotzdem berichten die Einheimischen, dass die Statue von Geistern heimgesucht wird, und man das Baby – besonders bei Vollmond – oft weinen hören kann. Manche Passanten sind schockiert, weil sie das Gefühl haben, das Baby hätte sich nach ihnen umgedreht.

Ein Wächter hat die undankbare Aufgabe, die Statue nachts bewachen zu müssen. Der lokale Priester sagt aber, er soll eigentlich eher das kleine Wäldchen bewachen, das aus den kostbaren und heiligen *Pule*-Bäumchen besteht (s.S. 190). Jero Mangku Ketut Widiantra fungiert hier als Priester, wenn er nicht gerade am Kundenserviceschalter der Garuda am Flughafen arbeitet. Er glaubt, dass die Statue wohlwollend sei, denn schon viele Paare, die hier um Kinder gebetet haben, bekamen ihren Wunsch erfüllt.

Obwohl die Statue relativ jung ist, rankt sich doch ein Geheimnis um sie, seit sie von der Regierungschefin von Gianyar, Cokorda Darana, 1989 in Auftrag gegeben wurde. Damals hatten auch andere Vorschläge im Raum gestanden, zum Beispiel eine Marionette zu Ehren des traditionellen Handwerks oder eine Statue des Freiheitskämpfers I Wayan Dipta, nach dem das benachbarte Stadion benannt ist. Umso erstaunter waren nicht wenige Einwohner, letztlich das „*Fette Baby*" vorzufinden.

Die tatsächliche Identität des Babys wurde erst vor wenigen Jahren bekannt gegeben, was ganz im balinesischen Stil erst dann geschah, nachdem ein glücksbringender Tag gefunden worden war. 2015 erklärte ein Nachfahre des Stifters der Statue dem *Tribun Bali*, dass das „*Fette Baby*" dem Gott Shiva gewidmet ist, und es eigentlich Sang Hyang Brahma Lelare heiße. Er weigerte sich jedoch, das ganze Geheimnis zu lüften: „Es ist sehr kompliziert, das würde ein Weilchen dauern", so seine lapidare Antwort auf die entsprechende Frage des Journalisten.

Und so dürfen wir weiter rätseln, was genau es mit dem „*Fetten Baby*" auf sich hat.

DER BUDDHISTISCHE TEMPEL
VIHARA AMURVA BHUMI

②

Ein farbenfroher Tempel chinesischer Bauart im Herzen des alten Balis

Jalan Darma Giri, Blahbatuh, Gianyar
0361 7435 550
Täglich von 8–17 Uhr
Eintritt frei, Spenden für Fotoaufnahmen gern gesehen

Chinesische Händler zählten bei Ankunft der ersten europäischen Entdecker auf der „Insel der Götter" im Jahr 1512 schon längst zum Alltagsbild auf Bali. Chinesische Münzen, noch heute auf Bali bekannt als *Kepeng*, finden seit mehr als 1000 Jahren Verwendung. Hinduistische Opfergaben (s. S. 20) bestehen nach wie vor zu großen Teilen aus Nachbildungen dieser Münzen.

Die Stadt Blahbatuh, sechs Kilometer südöstlich von Ubud, ist praktisch seit Menschengedenken Hauptgeschäftszentrum der großen Gemeinschaft der Peranakan, wie Indonesier chinesischer Herkunft genannt werden.

Der buddhistische Tempel *Vihara Amurva Bhumi* in Blahbatuh liegt am Rand einer schattigen Dschungel-Schlucht beim Fluss Petanu, unterhalb der heute nicht mehr genutzten alten Kolonialbrücke, die man wegen ihrer morschen Planken besser nicht betreten sollte. Eingelassene Betonschwellen bieten aber all denen Zugang zum Flussbett, die diesen Ort zur Meditation aufsuchen.

Der Tempel selbst hat Löwen als traditionelle Wächter, bunte Drachen, die sich um Säulen schlängeln, und einen schönen alten Turm, wo „Göttergeld" verbrannt werden kann. Anders als in vielen balinesischen Tempeln findet man im Innenhof des Klosters *Vihara Amurva Bhumi* keinen heiligen Banyan-, sondern einen Bodhibaum ähnlich dem, unter dem Buddha erleuchtet worden sein soll.

Der ungewöhnliche Friedhof auf dem Hügel oberhalb des Tempels zeigt, wie sehr die chinesische Gemeinde ihrem Erbe treu geblieben ist (wenn auch viele Namen inzwischen eher indonesisch als chinesisch klingen). Interessanterweise kommen viele Hindus aus der Gegend zum *Vihara Amurva Bhumi*, um zu beten. Viele von ihnen halten diesen Ort für besonders geeignet, um mit den Vorfahren in Verbindung zu treten und sie vor einer Wallfahrt um Schutz zu bitten.

Jeder, der Bali kennt, weiß, dass die Insel einer der gastfreundlichsten Orte der Welt ist und der balinesische Hinduismus eine der tolerantesten Religionen. Entsprechend beteiligten sich die balinesischen Hindus nur selten an Verfolgung und Diskriminierung von Anhängern anderer Glaubensgemeinschaften, was auf anderen indonesischen Inseln immer wieder geschah.

ASTINA MASK GALLERY

„Wenn du eine Maske trägst, bist du nicht mehr du selbst"

Astina Mask Gallery and Workshop
Jalan Raya Mas, Mas, Gianyar
081 338 448 444
balimaskmaking.com
Täglich von 8–17 Uhr

In der Ortschaft Mas ganz in der Nähe von Ubud befindet sich eine kleine, unscheinbare Werkstatt, in der seit Generationen traditionelle balinesische Masken (*Topengs*) gefertigt werden. Nach Aussage von Ida Bagus Anom Suryawan, der als einer der besten Maskenbauer der Insel gilt, ist sein Handwerk kein Beruf, sondern Berufung. Anom, der von

seinem Onkel bereits im Alter von neun Jahren in die Kunst des Maskenbaus eingeführt wurde, zeigt in seiner Galerie ganz unterschiedliche Arbeiten, von prachtvollen Modellen für das westliche Theater bis hin zu
traditionellen balinesischen Masken. Unverkäufliches Herzstück seiner
Ausstellung ist eine Maske, die sein Großvater einmal geschnitzt hat.

Besucher können die fertigen Werke bewundern und sich (nach
vorheriger Reservierung) sogar selbst am Schnitzen versuchen. Am in-
teressantesten ist es jedoch, in die Welt hinter den Masken einzutauchen:
„Jede *Topeng* für zeremonielle Zwecke besitzt ihren eigenen Geist", erklärt
Anom, „und bei der Fertigung dieser Masken muss man eine ganze
Menge Traditionen einhalten."

Vor Aufnahme der Arbeit muss ein Priester einen geeigneten Tag
bestimmen, um das Holz für die Maske zu sammeln. Bei der Arbeit trägt
Anom einen zeremoniellen Sarong (*Pakaian Adat*). Masken als Souvenir
für Touristen werden überwiegend aus Hibiskusholz geschnitzt. Für
zeremonielle Masken wird ausschließlich das Holz des *Pule*-Baums
verwendet, der meist in der Nähe von Tempeln und Friedhöfen wächst.
In der Theorie dürfen nur heruntergefallene Äste verwendet werden.
Manchmal jedoch wählt der Priester einen bestimmten Baum aus, aus
dessen Stamm dann ein Teil so herausgeschnitten wird, dass der Baum
den Eingriff überlebt.

Sind alle das Holz an sich betreffenden Zeremonien abgeschlossen,
legt der Priester fest, an welchem Tag der Künstler mit dem Schnitzen
der Maske beginnen und wann sie fertiggestellt sein soll. „Diese Sachen
entscheidet der Priester", sagt Anom schulterzuckend.

Neben seiner Arbeit als Maskenbauer ist Anom auch Tänzer und
Puppenspieler. „Wenn du eine Maske trägst, bist du nicht mehr du selbst.
Du wirst die Maske", erklärt er. „Dieses Gefühl zu kennen ist für die
Herstellung der *Topeng* extrem wichtig."

IN DER UMGEBUNG
Das Maskenhaus von Setia Darma ④

Das „Setia Darma House of Masks" (Jalan Tegal Bingin, Mas – Eintritt
von 8–16 Uhr) ist vielleicht der ruhigste Ort in ganz Ubud: Auf nur
eineinhalb Hektar finden sich hier fantastische Gärten und sechs aus
Java importierte alte Holzhäuser, die rund 1300 Masken und 5700
Marionetten beherbergen. Die älteste Marionette ist rund 1000 Jahre alt
und aus Metall in Form eines Blattes gefertigt. Besonders beeindruckend
ist die Reog Ponorogo, eine Maske aus einem echten, mit Pfauenfedern
geschmückten Tigerkopf. Sie wiegt 50 Kilogramm und ihr Träger zeigt
seine Kraft traditionell dadurch, dass er sie mit den Zähnen hält.

DAS PFERDERELIEF VON YEH PULU ⑤

Ein 26 Meter langes Relief – Zeugnis einer Verbindung nach Indien?

Jalan Yeh Pulu, Blahbatuh, Bedulu, Gianyar
Täglich von 8–17 Uhr

Wer den Fußpfad am Ufer des Petanu geht, kann sich leicht vorstellen, wie sich der Niederländer Wijnand Otto Jan Nieuwenkamp bei der Entdeckung des Felsreliefs von Yeh Pulu 1925 gefühlt haben muss. Es handelt sich um eine knapp 30 Meter lange und drei Meter hohe massive Felswand, die mehr als 500 Jahre lang ein verborgenes Dasein in diesem Tal fristete. Nieuwenkamp soll nicht nur der erste westliche Künstler gewesen sein, der die Insel besuchte, sondern auch der erste, der ein Fahrrad nach Bali brachte. 1906 wurde er auf seinem Fahrrad sitzend an einer Wand des Tempels von Kubutambahan verewigt.

Das Felsrelief selbst wirft einige Fragen hinsichtlich der Herkunft von Pferden auf Bali auf. Die lange für die am plausibelsten gehaltene Theorie war, dass die ersten Pferde ein Geschenk chinesischer Händler gewesen sein sollen. Wenn dem allerdings so wäre, wäre das Bali-Pony (das heute in Kuta, Negara und Denpasar *Dokar*-Kutschen zieht) ein Nachfahre der

zähen mongolischen Steppenpferde. Das Relief von Yeh Pulu deutet allerdings einen anderen Ursprung an.

Bali betrieb bereits lange vor Ankunft der Chinesen Handel mit Indien. Darauf deuten indische Keramiken aus der Zeit um 250 v. Chr. hin, während die ersten chinesischen Funde auf 600 Jahre später datiert sind. Das Pferd von Yeh Pulu weist eine frappierende Ähnlichkeit mit den Kriegspferden indischer Maharadschas auf. Das Riemenzeug ist von einer Art, wie sie noch heute in Indien weit verbreitet ist, während derartige Schirrungen in der Mongolei praktisch unbekannt sind. Auch Darstellungen von Dschingis Khan, der zur Blütezeit des chinesischen Handels mit Bali lebte, zeigen sein Streitross nie mit solchem Geschirr. Die langen Ohren des Pferdes von Yeh Pulu erinnern zudem an die indische Rasse Marwari, und Experten verweisen oft darauf, dass die Hufen von Bali-Ponys so robust sind, dass sie nicht beschlagen werden müssen (obwohl die Mehrzahl in der Praxis doch Eisen trägt).

Der Legende nach soll ein Riese namens Kebo Iwa das Relief von Yeh Pulu mit seinen Fingernägeln erstellt haben. In Wahrheit ist nur sehr wenig über diesen archäologischen Schatz bekannt, der oft mehr Fragen aufwirft, als er Antworten bereithält. Könnte der anonyme Künstler von Yeh Pulu vielleicht schlicht, wie man sich erzählt, ein heimwehgeplagter Exil-Inder gewesen sein?

CANDI TEBING TEGALLINGAH

Rätselhafte, verborgene Ruinen

Ortschaft Tegallingah, Bedulu, Blahbatu, Gianyar

Der alte Tempel *Candi Tebing Tegallingah* ist schwer zu finden. Vom Parkplatz der Ortschaft Tegallingah führt ein schmaler Pfad nach Westen. Hinter einer zwischen Reisfeldern und einer bewaldeten Schlucht gelegenen Brücke beginnt ein steiler Abstieg, der über 164 Steinstufen tief hinab führt und einen faszinierenden Einblick in das *Subak*-System (s. S. 73) mit seinem komplexen Netz aus Kanälen, Schleusen und Becken und die mehr als tausendjährige balinesische Bewässerungskunst bietet.

Im unteren Teil des Abstiegs ist auf glitschigen Felsen Vorsicht geboten. Das letzte Treppenstück wurde vor einigen Jahren bei Überschwemmungen weggerissen, sodass der Zugang zur Talsohle wirklich gefährlich ist (und nach Regenfällen nahezu unmöglich).

Unten angekommen ist nach einer rutschigen Passage am Rande eines Wasserfalls schließlich einer der ältesten und eindrucksvollsten Tempel der Insel erreicht. Er soll aus dem 12. Jahrhundert stammen und die Mühe, die es gekostet haben muss, die neun Meditationsnischen und drei Tempel in den Stein zu schlagen, kann sich wohl kaum jemand vorstellen. Wer die Anlage gebaut und wer sie in Auftrag gegeben hat, ist längst vergessen, wie überhaupt ein Großteil der Geschichte von *Candi Tebing Tegallingah* im Dunkeln liegt.

Eine ausgehobene Plattform scheint Gläubigen Platz geboten zu haben. Der darüberliegende Vorsprung mit zwei heiligen *Lingga*-Gruppen (Phallussymbole) steht vermutlich für die hinduistische Trinität (Trimurti) von Brahma (Gott der Schöpfung und des Feuers), Shiva (Gott des Wohlstands) und Vishnu (Schöpfer und Zerstörer).

Ein Holzsteg über den Pakerisan führt zu den Meditationsnischen am gegenüberliegenden Ufer. Hier muss jeder selbst entscheiden, ob er das Risiko eines Abstiegs über rutschige und bemooste Felsen eingehen will. Wer allein unterwegs ist, dem kann man nur dringend davon abraten, denn es kann mehrere schmerzhafte Tage dauern, bis sich der nächste Besucher an diesen entlegenen Ort verirrt.

Die berühmtere Tempelanlage von Gunung Kawi wurde erst 1920 entdeckt. *Candi Tebing Tegallingah* blieb rund 1000 Jahre den Augen der Öffentlichkeit verborgen.

Hier fällt es nicht schwer, sich vorzustellen, wie sich die „Entdecker" noch größerer Tempelanlagen wie Borobodur oder Angkor Wat gefühlt haben müssen.

DAS LEMPAD-RELIEF IM
BEDULU CONFERENCE CENTRE

Ein vergessenes Werk des brillantesten balinesischen Künstlers

Gegenüber dem Tempel Pura Samuan Tiga, Jalan Pura Samuan Tiga, Bedulu, Blahbatuh, Gianyar

Gusti Nyoman Lempad (um 1862 – 1978) war ein Mann mit vielen Talenten, dem es sogar gelang, den Tag seines Todes – der 25. April 1978 – vorherzusagen. Vielen gilt er als der begabteste balinesische Künstler aller Zeiten. Seine Arbeiten sind der ganze Stolz der Kunstmuseen *Agung Rai* und *Neka* in Ubud sowie praktisch aller berühmter Kunstsammlungen der Insel. Trotzdem wissen nur wenige, dass eines seiner wohl spektakulärsten Werke frei zugänglich im *Bedulu Conference Centre* zu sehen ist – einem verlassenen Gebäude in dem unscheinbaren Dörfchen Bedulu, nur knapp drei Kilometer von Ubud entfernt.

Lempad war nicht nur ein äußerst begabter Maler, sondern machte sich auch einen Namen als *Undagi*-Meister für Architektur und Bildhauerei. Der Erzählung nach soll er bereits 106 Jahre alt gewesen sein, als er 1968 gemeinsam mit seinem Neffen I Gusti Nyoman Sudara mit der Arbeit an dem komplexen Relief begann, das die Lehmmauern an der Außenseite des *Bedulu Conference Centre* auf einer Länge von 15 Metern ziert. Das Relief zeigt Szenen aus einem altjavanischen Gedicht aus dem 14. Jahrhundert. Es hat den Titel *Kakawin Sutasoma* und enthält das Motto des modernen Indonesien: „Einheit in Vielfalt". Dieses Motto erwies sich als besonders passend für ein Kulturzentrum aus der Zeit von Präsident Suharto (1921–2008, Präsident von 1967–1998).

Das Zentrum wird heute nicht mehr genutzt. Wer trotzdem hierher kommt, hat das Privileg, einen Teil des künstlerischen Erbes Lempads betrachten zu können, der von dem australischen Regisseur John Darling (zu dessen Arbeiten auch der Dokumentarfilm *Lempad of Bali* zählt) als „Inbegriff des balinesischen Künstlers und Mannes" bezeichnet wurde.

Wie bei vielen Indonesiern seiner Generation ist auch Lempads genaues Geburtsdatum nicht bekannt. Seinen Todestag sagte der Künstler aber mit nahezu mathematischer Genauigkeit voraus. Drei Tempel, die in seinem Leben ein große Rolle gespielt hatten, feierten gleichzeitig ihre Odalan (Geburtstags-) Zeremonien: Einer war der *Pura Besakih* (Tempel der Allmacht), der zweite war *Pura Dalem* (Tempel des Todes, in seinem Heimatdorf), und der dritte war *Pura Samua Tiga* (gegenüber dem verlassenen Zentrum), dessen großes Portal der Künstler 1955 gestaltet hatte. Der verfallene Turm mit dem balinesischen *Kulkul* auf dem Hügel oberhalb des Kulturzentrums ist ebenfalls ein Werk des Künstlers und die Vermutung, dass dieser am Tage seines Todes erklungen sein dürfte, scheint nicht abwegig.

IMPOTENZ: *PURA KEBO EDAN* ⑧

Ein Tempel mit „überdurchschnittlich hoher Penisquote"

Jalan Raya Tampaksiring, Bedulu, Blahbatuh, Ubud, Gianyar
0361 942.354
Täglich von 8–17 Uhr
Besucher werden gebeten, sich in ein Gästebuch einzutragen; Spenden werden erwartet

Auf den ersten Blick scheint sich der Tempel *Pura Kebo Edan* kaum von anderen hinduistischen Tempeln zu unterscheiden. Wer aber genauer hinschaut, entdeckt eine Statue, die Rätseln aufgibt. Made

Indah gehört ein kleiner Antiquitätenladen in der Nähe des Tempels und führt Besucher gerne durch die Anlage. Besagte Statue befindet sich im Hauptabschnitt des Tempels und ist im unteren Teil mit einem schwarz-weiß-karierten *Sarong Saput Poleng* bedeckt.

„Er ist schüchtern", erklärt Made Indah lächelnd. „Aber es macht ihm nichts aus, wenn ich ihn Ihnen zeige." Ein ganzes Bündel außergewöhnlicher Fruchtbarkeitslegenden ist aufgrund der schieren Menge an Steinpenissen rund um den Kebo Edan Tempel entstanden. „Sehen Sie? Er hat vier Penisse!", lacht Made und zeigt auf eine vorgewölbte Steinmasse in der Leiste der Skulptur. Made zufolge handelt es sich um den Gott Shiva, es könnte aber auch Bima, legendärer Held balinesischer Mythologie sein. Andere halten die Darstellung für einen Dämon, den „Riesen von Pejeng", und dass er nicht vier, sondern sogar sechs Penisse habe. Genau lässt sich das nur schwer ermitteln, denn 700 Jahre Zeit haben die Skulptur dann doch ein wenig deformiert.

Einer Legende nach soll es Bima angesichts der Größe seines Gemächts nicht möglich gewesen sein, seine Beziehung zu der Frau, die er liebte, zu vollziehen. Als sie ihn für einen Verehrer mit handlicheren Proportionen verließ, tötete Bima seinen Rivalen aus Eifersucht. Der unglückliche Liebhaber ist übrigens zu Füßen des Riesen zu sehen. Made ist überzeugt, dass die Statue Shiva zeigt. Dennoch ist sie der Ansicht, dass die vier Penisse für Bima nützlicher wären: „Shiva ist mit Parvati verheiratet", erklärt sie, „und ist ihr absolut treu, denn sie kann furchtbar wütend werden. Bima hingegen ist dafür bekannt, dass er die Frauen liebt..."

Pura Kebo Edan bedeutet *„Tempel des verrückten Büffels"*, und an jeder Seite der Statue sind auch Büffelskulpturen zu sehen. In den Tagen vor dem nur alle 2 Jahre stattfindendem Galungan-Fest kommen viele Einheimische in den Tempel, um Wasser zur Segnung ihres Viehs zu holen.

Möchten Sie intelligenter werden?

Ganz hinten im Hof des Tempels steht eine alte Statue von Ganesha, dem Gott mit dem Elefantenkopf und Sohn von Shiva. Der Legende nach wird man durch Streicheln seiner Stirn klüger.

Eine Statue gegen weibliche Unfruchtbarkeit

Einem weiteren Mythos zufolge soll die Hauptstatue des Tempels die Fähigkeit besitzen, unfruchtbaren Frauen die Empfängnis zu ermöglichen. Made Indah bestätigt, dass sogar aus Japan Paare kamen, um Opfergaben darzubringen, in der Hoffnung, ein Kind zu empfangen. Anscheinend ist es dafür nicht notwendig, die Skulptur zu streicheln.

DIE HAHNENKAMPFARENA
VON PELIATAN

Wettkampfstätte für balinesische „Gladiatoren"

Peliatan Cockfighting Arena
Jalan Sukma Kesuma 76-80, Peliatan, Ubud, Ginayar
Täglich – Hahnenkämpfe finden oft zwischen Freitag und Sonntag statt

Anders als bei den meisten Hahnenkämpfen auf dem Land (die oft auf provisorisch umzäunten Feldern stattfinden), wurde die *Peliatan Cockfighting Arena* eigens für dieses blutige Schauspiel errichtet.

„Schwer zu sagen, wann die Hahnenkämpfe stattfinden", erklärt Ibu Nyoman, die gegenüber der Arena eine kleine Schnitzerwerkstatt betreibt. „Es gibt keinen festen Zeitplan, aber durch Mund-zu-Mund-Propaganda kommen oft mehrere Hundert Zuschauer."

Laut Ibu Nyoman handelt es sich dabei nahezu ausschließlich um Männer. Die wenigen Frauen, die man im Umfeld zu Gesicht bekommt, arbeiten als Händlerinnen oder Köchinnen. Nach einem kurzen Blick auf ihren Mann flüstert sie, dass man ja weiß, dass Männer das Geld verzocken, Frauen dagegen es für Lebensmittel ausgeben.

Tatsächlich ist bekannt, dass Glücksspiel für viele balinesische Männer als Ausdruck ihrer (Macho-) Identität gesehen wird. Ein Balinese, der seinen Lieblingshahn in den Ring führt, setzt seine Männlichkeit aufs Spiel. Die Zuschauer interessieren sich aber mehr für Wetten als für die Kämpfe. Über ein komplexes Zeichensystem (für jede andere Kommunikation ist es zu laut) setzen sie Geld auf eines der beiden Tiere.

Seit 1981 sind Hahnenkämpfe in Indonesien per Gesetz verboten. Es wird aber so gut wie nie durchgesetzt, weil die Behörden begriffen haben, dass es nahezu unmöglich ist, ein altes Ritual zu unterbinden, das ein zentrales Element vieler religiöser Zeremonien ist. 1928 wurde im Tempel von Besakih – dem bedeutendsten Tempel der Insel – eine zwölftägige Sammelaktion zur Unterstützung der Tradition durchgeführt.

Vor rund eintausend Jahren waren Hahnenkämpfe so professionell organisiert, dass auf sie Steuern erhoben wurden. Schon lange vorher galt das dabei vergossene Blut als eine Art Reinigungsritual. In Tenganan, einem Dorf in Bali Aga, schlagen in einem ähnlichen Ritual des Blutvergießens jedes Jahr junge Männer mit scharfkantigen Blättern der Pandan-Palme aufeinander ein. Interessanterweise ziehen diese Spektakel Hunderte von Touristen an, während die barbarischen Hahnenkämpfe kaum jemand freiwillig anschaut. In eigens angelegten Hahnenkampfarenen wie der von Peliatan scheint für den beliebtesten balinesischen „Sport" die stillschweigende Übereinkunft zu gelten, dass das blutige Spektakel sowohl eine gesellschaftliche als auch eine religiöse Institution ist.

Die Hähne sind Gladiatoren, die trainiert und mit Chili gefüttert werden, um sie anzustacheln. Sie werden in engen Flechtkörben an die Straßen gestellt, um sich an Lärm und Menschen zu gewöhnen. Wer an einem kühlen Nachmittag ein paar Kilometer durch die Gegend fährt, wird eine Unzahl an Körben entlang der Straßen sehen, in denen die bemitleidenswerten Kreaturen auf blutige Kämpfe vorbereitet werden, die hier auf Bali sogar noch populärer sind als Fußball.

DER TEUFELSBAUM AM EINGANG ZUM AFFENWALD

Zur Linderung von Halsschmerzen und Muskelkater

Affenwald von Jalan, Ubud, Gianyar
Täglich; der Affenwald ist von 8:30–18 Uhr geöffnet

Nur wenige der vielen tausend Touristen, die jedes Jahr den Affenwald von Ubud besuchen, schenken dem majestätischen *Pule*-Baum (*Alstonia scholaris*) auf dem Parkplatz viel Aufmerksamkeit.

„Die *Pule* zählen zu den nützlichsten Bäumen der Insel", weiß Mangku Ketut Widiantara, ein Hindupriester aus der Nähe von Ubud. „Jeder Teil dieser Bäume kann als Arzneimittel verwendet werden, und sein weiches, leichtes Holz wird traditionell zur Fertigung von Masken genutzt" (s. S. 178).

Das ist vielleicht sogar sehr passend, weil der Überlieferung nach im *Pule* der Geist von Durga, der Todesgöttin wohnen soll (weshalb er auch „Teufelsbaum" genannt wird). In Sri Lanka wird das Holz auch oft für Särge verwendet. Immer wieder entstehen an den Stämmen dieser Baumart Herauswölbungen, die sich ideal für die Bedürfnisse des Maskenbaus (insbesondere von Masken der Dämonenkönigin Rangda) eignen. Bevor ein *Pule* gefällt oder zur Herstellung einer Maske beschnitten werden darf (ohne ihn dabei zu zerstören), sind komplexe Zeremonien zu befolgen. Das genaue Datum für derartige Maßnahmen wird von einem eigens dafür qualifizierten Priester bestimmt, und um die Geister des Baumes zu besänftigen, werden Opfergaben dargebracht. Um das Holz für die zeremoniellen Masken vorzubereiten, wird es zunächst 42 Tage lang in einer Mischung aus Tabak und anderen Pflanzen gekocht. Damit das Feuer nicht erlischt, wird es im Schichtbetrieb rund um die Uhr bewacht.

Heiler verabreichen zur Linderung von Halsschmerzen gerne eine Mischung aus *Pule*-Blättersaft mit einem Getränk aus gerösteter Kokosnuss und Palmzucker. Gegen müde Muskeln schwören sie auf mit Wasser angefeuchtete *Alstonia*-Rinde. Tatsächlich zeigen Forschungsergebnisse, dass die Blätter antibiotische Eigenschaften aufweisen und die Rinde bittere Alkaloide enthält, die als Schutz vor Insekten nützlich sind.

Ein Baum, der nicht gepflanzt werden kann

Trotz der wertvollen medizinischen Eigenschaften, die dem *Pule* zugeschrieben werden, geht man auf Bali davon aus, dass diese Bäume nicht umgepflanzt werden können. „Niemand weiß, wie diese Bäume dort hingekommen sind, wo sie wachsen", erklärt der Priester Ketut Widiantara, „denn es ist seltsamerweise unmöglich, sie zu pflanzen. Sie scheinen ihren Standort selbst zu wählen. Aus irgendeinem Grund wachsen sie gerne in der Nähe von Tempeln, Schreinen und Friedhöfen."

DIE FLÖTE SPIELENDEN TAUBEN VON UBUD

Ein Taubenorchester im Zentrum von Ubud

Im Haus von I Made Marta, Jalan Goutama Selatan, Ubud,
Gianyar
Privatgrundstück. Von 7–9 Uhr sowie von 17–18 Uhr sind die Tauben über
dem Zentrum von Ubud zu sehen

Die meisten Einwohner von Ubud wissen nicht, woher das seltsame Pfeifen kommt, das aus dem Himmel des Hochlands aufzusteigen scheint. Wer den Himmel aber scharf beobachtet, kann erkennen, dass das Geräusch von einem Taubenschwarm kommt. „Früher hatte ich etwa 100 Brieftauben", sagt I Made Marta leise, während er sich, umgeben von Bambuskäfigen, die erste Zigarette des Tages anzündet. „Heute besitze ich nur noch 30."

Die Familie von Made zog aus ihrem Dorf in Karangasem vor 25 Jahren nach Ubud um, als er noch ein Kind war, und brachten ein in Ubud so wenig bekanntes Hobby mit, dass es die meisten jungen Leute in Ubud bis heute nicht einmal kennen. Den Blick gen Himmel gerichtet, ein entzücktes Lächeln auf den Lippen, beobachtet er, wie 14 seiner Tauben, kleine Bambusflöten (*Sawangan*) um den Hals, in Spiralen zurück zur Erde fliegen.

„Die *Sawangan* kann aus Bambus, Holz oder Stahl sein, aber auch kleine Glöckchen sind beliebt", erklärt Made weiter. „Die besten *Sawangan* werden aus einem hohlen Ziegenknochen geschnitzt, und sie haben einen angenehmen, tiefen Klang."

Bei gutem Wetter lässt Made seine Tauben jeden Morgen und jeden Abend frei. Normalerweise sind sie dann bis zu zwei Stunden in der Luft. Bei starkem Wind treibt es sie manchmal aber auch bis nach Denpasar, von wo aus sie mehrere Tage für den Rückweg benötigen. Made besitzt javanische (erkennbar an ihrem gedrungenen Hals) und balinesische Tauben (mit kleinen Federhauben am Hinterkopf). Er sagt, dass sein bester Vogel ungefähr 200.000 Rupiah wert ist. Der älteste ist acht Jahre alt. Eine gute Taube kann eine rentable Investition sein, denn Brieftauben sind auf Bali ein beliebtes Hobby.

„Es gibt noch andere Taubenbesitzer in der Gegend", so Made weiter. „Wenn es meinen Vögeln gelingt, einige Exemplare aus einer anderen Zucht anzulocken, gehören mir diese. Umgekehrt gehören sie dann ihrem neuen Eigentümer, von dem ich sie zurückkaufen müsste, wenn ich sie wiederhaben will."

Der Ursprung der Flöte spielenden Tauben

Die ersten Flöte spielenden Tauben gab es vermutlich im 17. Jahrhundert, als taiwanesische Soldaten ihre Brieftauben mit Pfeifen ausstatteten. Wann diese ungewöhnliche Tradition auf Bali übernommen wurde, ist unklar, doch bis heute sind die Vögel unter (früh aufstehenden) Besuchern der Hochebene von Ubud eine beliebte Attraktion.

DAS HAUS VON WALTER SPIES

Der Künstler Walter Spies, Mitbegründer des künstlerischen Erbes von Ubud

Hotel Tjampuran Spa, Jalan Raya Tjampuhan, Ubud, Gianyar
0361 975.368
www.tjampuhan-bali.com
In dem Haus finden bis zu vier Personen Platz. Eine Nacht kostet 200 USD

„Direkt am Eingang zu Walters Salon gab es einen mit Sonne von den Vordächern reflektierten, lichtdurchfluteten Bereich", schrieb Nigel Barley in seinem Roman *Island of Demons* (2009). „Hier wurden seine Gemälde versteigert."

Der von allem balinesischen faszinierte deutsche Künstler Walter Spies (1895–1942) gilt als eine der für die Kunstwelt von Ubud prägendsten und bedeutendsten Figuren. In den 1930er Jahren lebte Spies auf der Insel. Sein Haus am Campuhan Ridge (nl. *Tjampuhan*) wurde zum Treffpunkt für Intellektuelle und Künstler wie Charlie Chaplin, Miguel Covarrubias, Colin McPhee, Vicki Baum und die Millionärin Barbara Hutton, für die eigens der Pool angelegt worden sein soll (heute ein Teich mit Lotusblumen).

Das kleine Haus mit seinen zwei Zimmern ist heute Teil des Hotels Tjampuhan Spa und kann gemietet werden. Wenn keine Gäste dort wohnen, lässt das Personal einen gerne einen kurzen Blick hineinwerfen. Spies litt unter wiederkehrenden Stimmungsschwankungen und Depressionen. Diese rührten, so die Meinung seiner balinesischen Nachbarn, daher, dass das Dach seines Hauses höher war als das des Tempels auf der gegenüberliegenden Seite. Spies selbst bestritt das und sagte, es handele sich um eine optische Täuschung. Pech und Unglück dagegen haben mit Sicherheit ein große Rolle für seinen Tod gespielt. Im Zweiten Weltkrieg wurde er von den Niederländern als vermeintlicher deutscher Spion interniert. Das Schiff, mit dem er 1942 aus einem Gefangenenlager auf Sumatra nach Ceylon gebracht werden sollte, wurde von einer japanischen Fliegerbombe getroffen und sank. Die Besatzung erhielt den Befehl, die Gefangenen nicht zu evakuieren, und so ertrank Walter Spies mit den meisten anderen seiner Mithäftlinge.

Flucht aus Ubud

Wenn ihm das Leben in Ubud zu bunt wurde, zog sich Walter Spies oft in das beschauliche Iseh in der Nähe des hübschen Dorfes Sideman zurück, wo er die außergewöhnliche Aussicht auf den Agung genoss. Die österreichische Schriftstellerin Vicki Baum (1888–1960) schrieb dort einen Teil ihres Romans *Liebe und Tod auf Bali*. Später kamen auch Colin McPhee und Roman Polanski auf der Suche nach Inspiration nach Iseh. Auch Prominente wie Mick Jagger und David Bowie zählten schon zu den Gästen der Villa Iseh (villaiseh.com).

DER *KRIS*-DOLCH *KI PIJETAN*

Eine legendäre Waffe

Neka Art Museum, Jalan Raya Campuhan, Ubud, Gianyar
0361 975.074
museumneka.com/keris.asp
Montag bis Sonntag von 9–17 Uhr; Sonntag von 12–17 Uhr
Erwachsene 75.000 RP, Kinder unter 13 Jahren frei

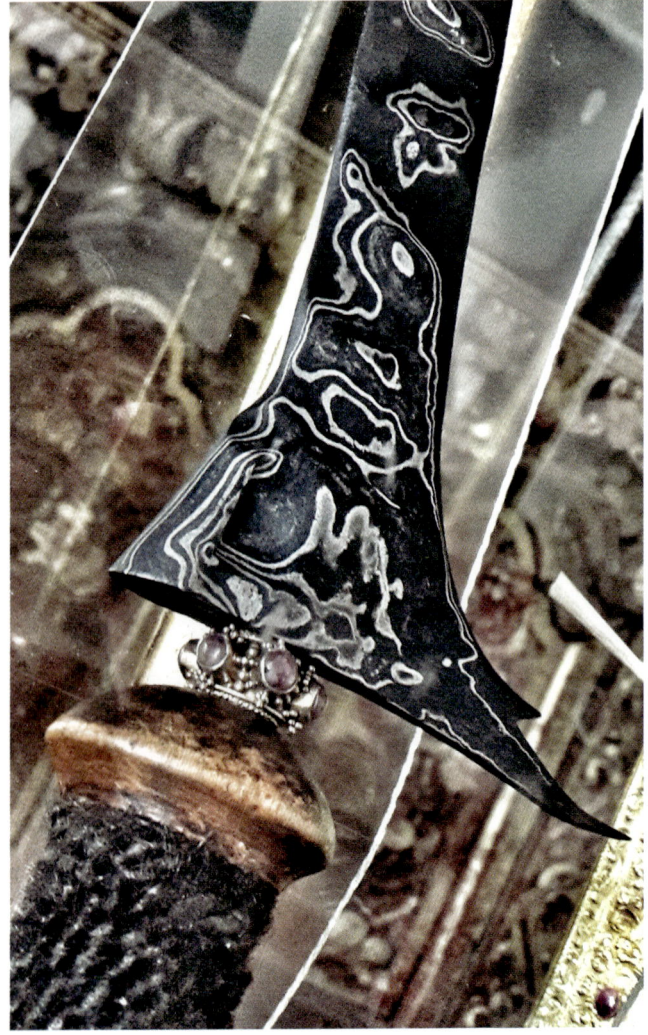

Unter den rund 300 Schwertern und Dolchen im *Kris*-Saal des *Neka Art Museum* befindet sich eine mysteriöse Waffe mit schwarzer Klinge, die als *Ki Pijetan* (in etwa „der ehrenwerte Geprägte") bekannt ist.

Die ungewöhnliche Bezeichnung geht vermutlich auf die Technik zurück, die der Schmied Mpu Geni Sandang Jiwa für die Herstellung des Dolchs im 13. Jahrhundert anwendete, als er die rotglühende Klinge angeblich mit seinen bloßen Fingern eindrückte, um die seltenen Muster, die als *Pulo Tirta* (Inseln im Heiligen Wasser) zu schaffen.

Die Fertigung von *Kris*-Dolchen ist derart symbolbeladen, dass wenig Raum für rein dekorative Elemente bleibt. Jedes Detail dieser Waffen folgt genauen Vorgaben, von der auf Stare verweisenden Machart der Klinge bis hin zum Griff, der nach einem zylindrischen Betelnussbehältniss, umwickelt mit einer Strähne menschlichen Haares, modelliert sein soll.

Der *Ki Pijetan* weist einige weitere Besonderheiten auf: Der Handschutz ist eine Verlängerung der Klinge, die *Pulo Tirta* erinnern an Korallenatolle und sollen dem Träger Wohlstand, gesellschaftlichen Erfolg und familiären Frieden bringen. Elfenbeingeschmückte Futerale waren Herrschenden vorbehalten. Der *Ki Pijetan* befand sich lange im *Puri Agung Mandangan Palast* in Gianyar. 1995 wurde er von den Eigentümern an das Museum übergeben.

Noch heute gilt der Glauben, dass zum Schmieden eines zeremoniellen *Kris* bestimmte Kräfte erforderlich sind, um ihnen Leben einzuhauchen. Einheimischen zufolge ist diese Tradition, die von Meistern wie Mpu Geni Sandang Jiwa (dessen Name „Feuer der Seele" bedeutet) verkörpert wurde, heute verloren.

Für nicht Eingeweihte ist ein balinesischer (oder javanischer) *Kris* ein Dolch mit einer geschwungenen Klinge, die einen *Naga* („Drachen") in Bewegung darstellt. Was viele nicht wissen, ist, dass gerade Klingen (wie jene des *Ki Pijetan*) einer ähnlichen Symbolik folgen und einen ruhenden, aber zum Sprung bereiten Drachen symbolisieren.

Ursprünglich wurden *Kris*-Dolche als Waffen geschmiedet. Mit der Zeit wurden sie zu rituellen Objekten, wodurch ihre eigentliche Bestimmung jedoch nicht in Vergessenheit geriet. In dem berühmten *Barong*-Tanz verflucht die Dämonenkönigin Rangda die männlichen Tänzer, versetzt sie in Trance und befiehlt ihnen, sich zu töten – woraufhin diese sich mit ihren *Kris* erdolchen. Am Ende siegt Barong als Verkörperung des Guten über Rangda, stellt den Frieden wieder her und heilt auf magische Weise alle Wunden.

DIE BATIK-WERKSTATT VON WIDYA ⑭

Leuchtende Batik-Stoffe mit natürlichen Farben

Widya Batik
Jalan Sri Wedari no. 61, Tegallang, Ubud, Gianyar
0361 900 0633 oder 081 7976 4154
widyabatik.baliklik.com
Täglich von 10–17 Uhr
Eintritt frei. Ein halbtägiger Kurs (von 10–15 Uhr) kostet 450.000 Rupiah –
Teilnehmer erhalten einen selbstgefertigten Batik
Kostenloser Shuttle für Kursteilnehmer aus Ubud und Umgebung

Das Textilfärbeverfahren Batik (jav. *mbatik* = mit Wachs schreiben) steht seit 2009 auf der UNESCO-Liste des immateriellen Kulturerbes der Menschheit. Die in Solo und Yogyakarta entwickelte Technik gelangte erst vor relativ kurzer Zeit nach Bali.

Nichtsdestoweniger verbreitete sich die Batik-Kunst auf der Sonneninsel mit ihrer tropischen Blütenvielfalt rasch und schon bald entstand eine ganz eigene Ausprägung, die sich in ihrer Farbenpracht stark von den gedämpften Braun- und dunklen Blautönen der Textilproduktion auf Java unterscheidet. Wie die Kunst selbst kam auch Widya Harsana von Solo nach Bali: „Die Menschen hier auf Bali lieben lebendige Farben und große, tropische Designs. Die dunklen, herbstlichen Farben aus Java passen nicht so recht zu einer Insel, auf der es immer Sommer zu sein scheint."

Während fast überall, selbst in der traditionellen Batik-Herstellung auf Java, chemische Farben verwendet werden, setzt Harsana auf rein natürliche Farben. Als Meister seines Fachs bietet Harsana nicht nur Batik-Kurse an, sondern auch Einführungen in die Verarbeitung seiner Naturfarben.

In seiner Werkstatt stellt er 19 Grundfarben her. Dabei kommt eine ganze Reihe natürlicher Inhaltsstoffe zum Einsatz: Rambutan- oder Drachenfruchthaut für Rot, Indigo für Blau, Teakblätter für Rosa, Feigenblätter für Schwarz (bzw. sehr dunkles Dunkelbraun), Pandanussblätter für Grün. Einige der Pigmente reagieren in der Sonne, was Harsanas Arbeit manchmal wie Magie aussehen lässt. Ein mit scheinbar klarem Wasser gezeichnetes Motiv beginnt innerhalb einer Minute durch das enthaltene Kurkuma in leuchtendem Orange zu leuchten.

„Wir müssen unsere Farben auf Java kaufen", erklärt er, „weil wir viele der nötigen Zutaten hier nicht haben und nur wenige wissen, wie man Farben herstellt."

Auf Bali haben die Batik-Hersteller ihre eigenen Methoden entwickelt. Sie nutzen für ihre Arbeit Pinsel, die sie aus mit einem Hammer bearbeitetem und in Wasser eingeweichtem kleinem Stückchen Bambus herstellen. Harsana zeigt, wie mit einem solchen Pinsel (*Kuas Bambu*) Farbverläufe realisiert oder, andersherum verwendet, feine Linien gezeichnet werden können.

Für eine große Batikarbeit braucht Harsana rund einen Monat. Seine Werke sind oft Auftragsarbeiten für Sammler aus der ganzen Welt und kosten um die 200 US-Dollar. Als zusätzlichen Verdienst bietet er Batik-Kurse für ausländische Besucher an, die mal ein paar Stunden, manchmal jedoch auch einen ganzen Monat bei dem traditionellen Meister in die Lehre gehen.

DIE „MONSTERSTRASSE" DER *OGOH-OGOH*

Monströse Dämonen für den Tag der Stille

Jalan Raya Tampaksiring, Tampaksiring, Gianyar
Die beste Zeit für einen Besuch ist in dem Monat vor und nach Nyepi

Nyepi ist auf Bali der „Tag der Stille" (s.S. 24), an dem das öffentliche Leben auf der Insel stillsteht, keine Autos oder Flugzeuge unterwegs sind und die Menschen 24 Stunden lang zu Hause bleiben, keinen Lärm und kein Licht machen und nicht rauchen. In den Wochen vor der großen *Ngrupuk*-Parade am Vorabend von *Nyepi* lassen viele junge Inselbewohner ihrer Fantasie freien Lauf und stellen überlebensgroße *Ogoh-Ogoh*-Statuen derjenigen Dämonen her, die an *Nyepi* vertrieben werden sollen.

Entlang der Straße Jalan Raya Tampaksiring sowie in den umliegenden Dörfern zeigen sich die jungen Künstler besonders kreativ. Ihre Dämonen sind von den Marvel-Superhelden inspiriert. Das Geld für die benötigten Materialien wie Bambus, Pappmaché, Farben und Stoffe stammt aus Spenden.

In den letzten Jahren wurden immer mehr *Ogoh-Ogoh* aus Polystyrol gefertigt, was nicht gut ist, weil die Dämonenparade traditionell mit der Verbrennung der *Ogoh-Ogoh* endet. Ironie des Schicksals, dass diese Reinigungszeremonie heute letztlich in schwarzem, giftigem Rauch aufgeht... Seit einiger Zeit versucht die Regierung durchzusetzen, dass ausschließlich natürliche Materialien verwendet werden.

Nyepi ist eine alte Zeremonie. Die Tradition der *Ogoh-Ogoh* hingegen entstand erst Anfang der 1970er Jahre. Es handelt sich also um eine ziemlich moderne Kunst, und seit den 1980ern achtet die Regierung sehr genau darauf, dass die Figuren nicht etwa zu große Ähnlichkeit mit Politikern haben. Einige besonders eindrucksvolle *Ogoh-Ogoh* sind dauerhaft im *Ogoh-Ogoh*-Museum in Mengwi (s. S. 226) ausgestellt. Die wütenden Bestien, die einen entlang der „Monsterstraße" von Tampaksiring das Fürchten lehren, zählen ganz sicher zu den besten Beispielen dieser einzigartigen Kunstform.

In den Monaten vor *Nyepi*, wenn die Konstruktion in vollem Gang ist, sind die meisten *Ogoh-Ogoh* zu sehen. Doch auch nach dem „Tag der Stille" verbleiben einige der bemerkenswertesten Dämonen, beschützt von ihren Urhebern, am Straßenrand. Jedes Jahr entsteht so an der Straße durch Tampak in einem Zeitraum von rund drei Monaten eine neue Generation *Ogoh-Ogoh*. Diese inoffizielle Freiluftausstellung dürfte eine der sehenswertesten Straßenkunstsammlungen der Welt sein, und viele der gezeigten Werke hätten einen Platz in den modernen Kunstmuseen der Welt mehr als verdient.

DER RIESENBAUM AM TEMPEL
PURA KEHEN

Der vermutlich größte Baum von ganz Bali

Pura Kehen, Jalan Sriwijaya, Cempaga, Bangli – Täglich von 8–17 Uhr

Balinesen waren schon immer von der Symbolkraft großer Bäume fasziniert, deren Wurzeln tief in die Unterwelt reichen und deren mächtige Stämme sich durch das Universum des Menschen bis hinein in das Reich der Götter recken. Überall auf der Insel gibt es Bäume, die seit Generationen als heilig gelten. Der größte von ihnen ist wahrscheinlich der *Ficus benjamina* am Tempel *Pura Kehen* in Bangli.

Sein breites Laubdach, in dem sich ein Baumhaus befindet, erstreckt sich weithin über heiligen Boden. Zu finden ist der Baum im *Jaba*, dem äußeren Heiligtum des Tempels, wo er mit einem Umfang von mehr als 150 Metern 55 Meter Platz beansprucht.

Bei den Einwohnern von Bangli hält sich hartnäckig der Glauben, dass wenn einer der Äste des Baumes bricht, schon bald ein Mitglied ihrer Gemeinschaft sterben wird. Die Lage des Astes gibt zudem Hinweise darauf, wer das sein wird: Bricht er von der nordöstlichen Seite des Baumes, stirbt ein König. Liegt der Ast im Nordwesten, trifft es einen Brahmanen (Mitglied der höchsten Kaste). Bei Ästen im Südosten oder Südwesten wird ein einfacher Dorfbewohner sterben.

Der Feigenbaum von Kehen wird im Allgemeinen auf 400 bis 700 Jahre geschätzt. Wurde er nach Erbauung des Tempels gepflanzt? Oder wurde umgekehrt der Tempel hier errichtet, eben weil der Baum an dieser Stelle stand? Würde sich die zweite These bewahrheiten, wäre der *Ficus benjamina* bereits ausgewachsen gewesen, als der Tempel gebaut wurde – und dieser ist 800 Jahre alt.

Es gibt mehrere Bäume, die sich um den Titel „größter Feigenbaum der Insel" streiten: Der Baum im Zentrum von Bengkala (s. S. 134) weist einen Durchmesser von rund 40 Metern auf. Der *Bunut Bolong* (s. S. 58) wächst über die gesamte Straße, die durch sein riesiges Wurzelgeflecht hindurchführt.

Der *Ficus benjamina* (*Beringin* auf Indonesisch) ist der heilige Baum, der am weitesten verbreitet ist. In vielen balinesischen Tempeln bilden aber auch mächtige *Alstonia scholaris* (*Pule*, s. S. 190) und *Ceiba pentandra* (*Kapok*) das spirituelle und physische Zentrum. Oft sind sie in schwarz-weiße *Saput-Poleng*-Tücher gehüllt, Symbole für die Harmonie zwischen den verschiedenen Reichen der Welt, denn der Baum ist ein Denkmal zum Ruhm der Gesetze des Gleichgewichts, die das Universum beherrschen.

DIE BAMBUSDÄCHER
VON PENGLIPURAN

Ein zauberhaftes Dorf mit einzigartigen Bambusdächern

Penglipuran, Bangli

„Wir decken unsere Dächer mit Bambus, weil wir davon in der Gegend einfach sehr viel haben", erklärt Ibu Ketut Sudiasih. Bambusgedeckte Dörfer sind in Indonesien keine Seltenheit. Die Dächer von Penglipuran sind trotzdem einzigartig.

Auf den ersten Blick erinnern die Bambuslamellen der ältesten Dächer ein wenig an eine verwuschelte Frisur. Schaut man sich die Konstruktion aber genauer an, erkennt man, dass die „Bambusziegel" eingeschnitten, und in horizontale Stützen eingefügt sind. Sie bilden auf diese Weise ein regenundurchlässiges Dach – und das ganz ohne Nägel. „Selbst in den Nachbardörfern findet man keine solchen Dächer", fährt Ibu Ketut fort. „Das System funktioniert gut, unsere Dächer halten zum Teil bis zu 25 Jahre."

Mit seiner ordentlich gepflasterten Hauptstraße von Nord nach Süd mag Penglipuran zunächst kühl wirken. In Wahrheit ist das Dorf aber eines der gastlichsten von ganz Bali und inzwischen fester Bestandteil der meisten Rundreisen in diesem eher ländlich geprägten Teil der Insel. Am Eingang des Dorfes wird so auch meist ein (symbolischer) Eintritt verlangt. Die interessanten Bambusdächer scheinen aber nur wenigen Besuchern aufzufallen, und selbst Anthropologen, die in den vergangenen Jahren kamen, um die Dorfkultur zu studieren, haben dieser einzigartigen Bauform bisher keine besondere Aufmerksamkeit geschenkt.

Das überrascht, weisen doch die meisten Häuser an der Hauptstraße diese traditionelle Dachform auf. Betritt man eines von ihnen (die meisten Touristen werden in ein oder zwei Häuser eingeladen), stellt man außerdem fest, dass die alten traditionellen Küchen – *Dapur* – ebenfalls alle gleich gebaut sind.

Die ausgesprochen religiös geprägte Dorfgemeinschaft besitzt mehr als ein Dutzend Tempel (die einzelnen Familientempel nicht eingerechnet).

Das ist selbst für balinesische Verhältnisse beeindruckend für ein Dorf mit gerade einmal 1000 Einwohnern. Diesen zufolge stammt der Name ihres Dorfes von einer Beschreibung der Stimmung des Königs von Bangli, als der auf einer Höhe von 675 Metern kühl liegende Ort vom König als königliche Sommerfrische genutzt wurde. Laut Ibu Ketut „war der König glücklich, zu kommen, und traurig, wieder gehen zu müssen."

Das scheint auch heute noch vielen Touristen so zu gehen.

DER BAMBUSWALD
VON PENGLIPURAN

Eine natürliche, durch alte Tabus geschützte Kathedrale

Jalan Penglipuran, Kubu, Bangli

Der heilige Bambuswald in der Nähe von Penglipuran ist in vieler Hinsicht eine echte Naturkathedrale. Die hochwachsenden Stämme legen sich wie ein Gewölbedach über die Wege; durch die Blätter fällt das Licht wie durch farbiges Kirchenfensterglas ins Innere.

Bambus ist auf Bali überall zu finden. Die Bewohner von Penglipuran berichten, dass ihre Vorfahren diesen Wald einmal als Schutz vor Erdrutschen anlegten. Der heilige Bambuswald wird nur sehr behutsam bewirtschaftet, um seinen Fortbestand zu sichern. Als Symbol des lokalen kulturellen Erbes ist er durch eine Reihe strenger Tabus geschützt.

Bambus spielt im ländlichen Leben von Bali eine wichtige Rolle und findet Verwendung, um beispielsweise Boote, landwirtschaftliche Geräte, Bewässerungsanlagen, Matten, Körbe, Möbel, Töpfe und Musikinstrumente (wie das Xylophon *Tingklik*) zu bauen. Auch im Bauwesen kommt er zum Einsatz (ganze Häuser können dabei ohne einen einzigen Nagel errichtet werden). Aufgrund seiner hohen Robustheit und seiner einfachen Handhabung haben sich Städte wie Hongkong dazu entschlossen, Bambus im Gerüstbau für Hochhäuser einzusetzen. Die Symbolik von Bambus ist komplex. Nach einem Todesfall soll der Geist des Verstorbenen durch ein Bambuskissen befreit werden; in Bambustürmen von bis zu 20 Metern Höhe wird der Leichnam zum Ort der Einäscherung getragen.

Was haben Wellen und Bambus gemeinsam?

Der Bambus aus Penglipuran wird im Alter von zwei Jahren geerntet. Es gibt drei Sorten: *Petung* (robuster Bambus, der im Bauwesen zum Einsatz kommt), *Jajang* (leichter Bambus für Dächer) und *Tali* (besonders fein, gut geeignet für Flechtarbeiten).

Um den Fortbestand der Ressource zu gewährleisten, findet ein sorgfältiger Auswahlprozess statt.

Nach lokaler Tradition darf Bambus nur nach Regen und bei Vollmond geschnitten werden, weil Forschungsergebnissen aus Indien zufolge die Gravitationskraft des Mondes dann den Saft- und Stärkegehalt der Pflanze ähnlich beeinflusst, wie sie auch die Gezeiten beeinflusst.

Eine 2004 neu entdeckte Bambusart

Weltweit gibt es mehr als 1400 Bambusarten. 2004 wurde in Penglipuran eine neue Riesenbambusart – *Gigantochloa aya* – entdeckt. Die botanische Fachwelt nahm mit Verblüffung zur Kenntnis, dass diese bis zu 15 Meter hoch wachsende Art bislang ihrer Aufmerksamkeit entgangen war.

DIE STATUE „*LINGGA-YONI*"
IM TEMPEL PURA TIRTA EMPUL

Phallische Statuen für die Götter

Tirta Empul, Jalan Tirta, Manukaya, Tampaksiring, Gianyar
Täglich von 8–17 Uhr

D er *Lingga* ist ein phallisches Symbol, das auf den Gott Shiva verweist. Im indischen Hinduismus gilt der *Lingga* (auch *Linga* oder *Lingam*) als Symbol der Zeugungskraft Shivas. Auf Bali ist er wenig präsent. Die Statue *Lingga-Yoni* (wörtlich „Phallus-Vagina") im Tempel *Tirta Empul* soll mehr als 1000 Jahre alt sein und könnte damit die älteste Statue der ganzen Insel sein.

Die Symbolik des phallusförmigen *Lingga* könnte eindeutiger kaum sein. Die *Yoni* jedoch, die Darstellung der Vagina der Fruchtbarkeitsgöttin Shakti, ist deutlich schwerer zu erkennen. Sie wird meistens als rechteckige (manchmal auch geschwungene) Form dargestellt, durch die eine Rinne nach vorne verläuft. Über diese *Cerat* genannte Rinne läuft das von Gläubigen auf den *Lingga* gegossene geweihte Wasser ab.

Als Ausdruck eines der Grundprinzipien des balinesischen Hinduismus, in dem stets alle Dinge ihr Gegenstück finden müssen, stehen die Symbole *Lingga* und *Yoni* für Dualität und Gleichgewicht. Auch wenn der *Lingga* auf Bali eher selten ist, ist er doch von hoher symbolischer Kraft und war auch auf den Kremationstürmen für verstorbene Könige häufig obenauf zu finden.

In ihrem Buch *Secrets of Bali: Fresh Light on the Morning of the World* stellen die Autoren J. Copeland und Ni Wayan Murni die Vermutung auf, dass der flügelförmige vertikale Fortsatz vorne an der zeremoniellen Kopfbedeckung *Udeng* „ebenfalls ein Symbol des männlichen *Lingga*" und damit ein Zeichen für Shiva darstellt.

Die Touristen, die den *Pura Tirta Empul* besuchen, interessieren sich nur selten für die *Lingga-Yoni*-Statue und gehen meistens direkt zu den spektakulär sprudelnden, heißen Quellen weiter, für die der Tempel seit Urzeiten berühmt ist. An Feiertagen stehen Tausende Schlange, um sich unter den sprudelnden Wasserfontänen der Zeremonienbäder zu reinigen. Die Anlage gilt wegen der Inschriften, wonach König Candrabhayasingha Warmadewa den heiligen Badeort (der damals Air Mpul hieß) ab dem Jahr 962 ausbauen ließ, als sehr alt. Obwohl die meisten Besucher – Touristen wie Einheimische – achtlos an *Lingga-Yoni* vorübergehen, finden sich rund um die Statue doch immer wieder Opfergaben.

Die erste Erwähnung eines *Lingga* in religiösen Texten findet sich im *Mahabharata*, einem um 1500 v. Chr. verfassten indischen Epos, das zu den längsten jemals gefundenen Schriftstücken in Versform zählt. (Es umfasst rund 100.000 Verse.) Wie viele religiöse Symbole hat auch *Lingga-Yoni* auf Bali und in Indien seine ursprüngliche Bedeutung überwunden. Hindus denken bei seinem Anblick ebenso wenig an Sexualität wie Christen das Kreuz als Hinrichtungsmethode wahrnehmen.

DIE HEILIGEN WEIßEN KÜHE VON TARO

„Albino"-Kühe mit mystischen Heilkräften

Taro, Tegallalang, Gianyar
0819 3880 4562
Täglich von 8–17 Uhr

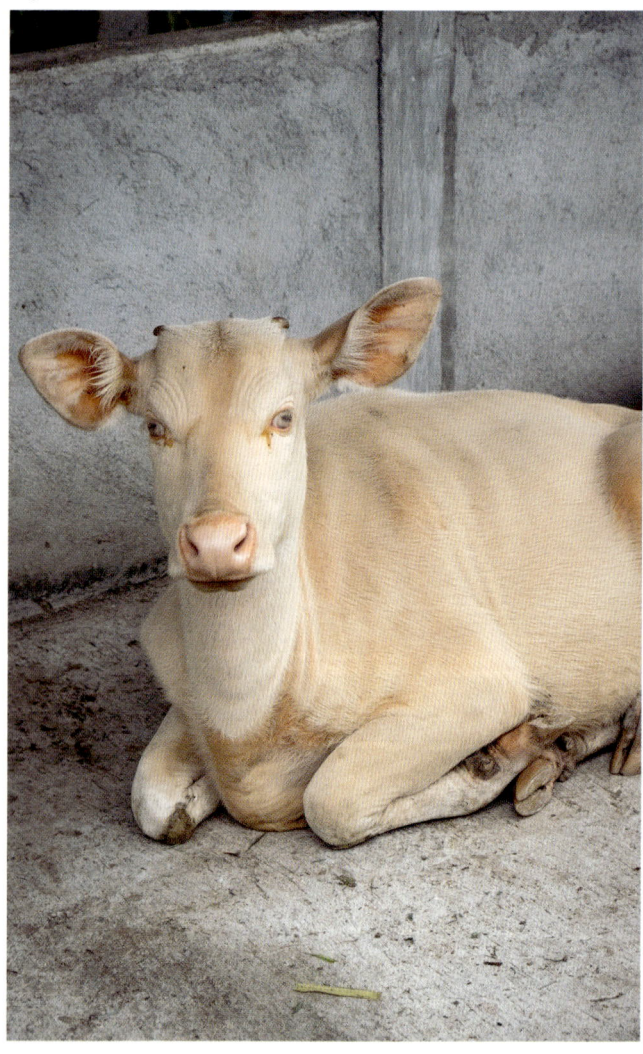

„Wird in der Gegend eine weiße Kuh geboren, schrecken viele so sehr vor der Verantwortung, sie aufzuziehen, zurück, dass sie sie uns anvertrauen", erklärt Wayan Jati, der sich um die sogenannten „heiligen Albino-Kühe" von Taro kümmert.

Einheimischen zufolge gibt es diese Tiere (bei denen es sich nicht wirklich um Albino-Kühe, sondern um eine eigenständige balinesische Rinderart handelt) nirgendwo anders auf der Insel. „Weltweit gibt es nur noch 42 Exemplare, und sie alle leben in diesem Reservat", fügt Wayan stolz hinzu. „Sie können nirgends sonst überleben und würden sterben, wenn man sie woanders hinbrächte." Es sind die wohl schönsten Kühe weltweit, die hier auf Bali leben. Sie sind die domestizierten Nachfahren des indonesischen Banteng-Rinds. Die weißen Tiere, die nur in Taro zu finden sind, ähneln den typischen balinesischen Rindern – bis auf das cremeweiße Fell. Eine so kleine Population könnte keinen überlebensfähigen Genpool bilden, weswegen sie regelmäßig mit normalen Rindern gekreuzt werden. Neben den weißen Kühen leben auch „schwarze Stiere" (deutlich dunkler als die Weibchen) und „rote Weibchen" (goldbraune balinesische Kühe) in dem Reservat.

„Bekommt eine weiße Kuh ein Junges mit einem normalen Stier, ist das Kalb mit 66-prozentiger Wahrscheinlichkeit weiß", weiß Wayan. „Nur die *Lembu*, also die weißen Rinder, sind heilig."

Die Verehrung der weißen Rinder geht wahrscheinlich darauf zurück, dass ein weißer Bulle als Reittier des Gottes Shiva gilt. Manche Einwohner von Taro berichten auch, dass der indische Weise Rsi

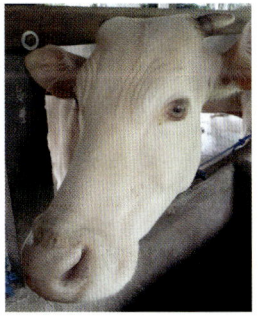

Markandeya im 8. Jahrhundert weiße Rinder aus Indien in das Dorf brachte. Zwei große steinerne Kühe vor dem Haupteingang des diesem Heiligen gewidmeten Tempels von Taro verdeutlichen, wie sehr diese Tiere hier verehrt werden, denn während alle anderen Statuen des Tempels von dicken Moosschichten überzogen sind, werden Augen, Ohren und Maul der Kuh-Statuen regelmäßig von Gläubigen gereinigt.

Heilmittel für Sehkraft und Gehör

„Speichel, Urin und Exkremente der Rinder werden während religiöser Prozessionen eingesammelt", erklärt Wayan Jai, der sich um die heiligen Kühe von Taro kümmert. „Sie besitzen Heilkräfte. So sind ihre Tränen beispielsweise gut für die Augen, sogar der Dreck aus ihren Ohren kann gegen Taubheit helfen. Das Allerheiligste ist aber natürlich die Milch."

PURA AGUNG GUNUNG RAUNG

Das Haus des hinduistischen Gründers von Bali

Jalan Raya Taro, Tegallalang, Gianyar
Fremde benötigen die Erlaubnis der Dorfältesten, um den Tempel betreten zu
dürfen, und müssen einen Sarong und einen Gürtel tragen. In dem Büro am
nördlichen Eingang der Anlage kann die Erlaubnis eingeholt werden

Viele Touristen kommen in das kleine Bergdorf Taro, um den beliebten Elefanten-Safaripark zu sehen. Wenige wissen, dass sie gerade einmal einen Steinwurf entfernt von der Stelle sind, an der der Hindu-Gelehrte Rsi Markandeya lebte, der (balinesischer Legende zufolge) als erster Mensch überhaupt einen Fuß auf die Insel setzte. *Pura Agung Gunung Raung*, der größte Tempel von Taro, markiert die Stelle, an der Markandeyas Haus einmal stand. Die Geschichte von *Pura Agung Gunung Raung* soll bis zurück ins 8. Jahrhundert reichen, als Markandeya die Region Aga an den Hängen des Bergs Raung im Osten Javas verließ. Mündlichen Überlieferungen zufolge hatte Markandeya die Reise schon einmal unternommen. Da er aber den Göttern nicht die vorgeschriebenen Opfergaben erbracht hatte, erkrankten seine Anhänger, und das Gefolge sah sich zur Umkehr gezwungen. Für seine zweite Reise soll Markandeya besser vorbereitet gewesen sein und am Fuße des höchsten Berges der Insel die fünf Metalle (Silber, Eisen, Gold, Bronze und Kupfer, denen im Hinduismus besondere symbolische Bedeutung zukommt) vergraben haben. Dieses Ritual war der Legende nach die erste hinduistische Zeremonie auf Bali. Am Fuße des Agung liegt heute *Pura Besakih*, der „Muttertempel" der Insel.

Nachdem die Götter besänftigt waren, ließen sich die Anhänger Markandeyas, die als Vorfahren des Aga-Volkes gelten, an mehreren Orten auf der Insel nieder. Markandeya selbst soll auf einer Lichtung gelebt haben, dort, wo heute in Tao der Tempel *Pura Agung Gunung Raung* steht. Anders als die meisten balinesischen Tempel ist dieser nicht mit Blick auf den Agung, sondern in einer Linie mit dem Raung ausgerichtet. (Wenn Sie die Erlaubnis erhalten, den Tempel zu betreten, lassen Sie sich den großen Holzgong, genannt *Kulkul*, zeigen.)

Im Dorf erzählt man von einem riesigen Baum, der auf Java wuchs und, als er eines Tages umstürzte, mit seinem Stamm eine Brücke bildete, über die Tiere von Java nach Bali gelangten. Der Legende nach fiel in Taro eine Blüte dieses Baums auf die Erde, aus der der drei Meter hohe *Kulkul* des Tempels erwuchs.

Im Außenbereich des Tempels befindet sich der *Titi Gonggan*, ein rechteckiges Loch mit einer Bambus-„Brücke", die den Übergang zwischen Leben und Tod darstellen soll. Ein typisches Symbol für die Anhänger von Markandeya. In den Tempeln von Taro gibt es noch weitere *Titi Gonggan*, an denen in einem besonderen Ritual Streitigkeiten zwischen Dorfbewohnern geschlichtet werden. Schließlich soll Markandeya auch das *Subak*-System (s. S. 73, noch heute einer der Pfeiler der balinesischen Gesellschaft) nach Bali gebracht haben. Bei dem in der Anlage von *Gunung Raung* entdeckten *Pulun Masceti* soll es sich um den ersten balinesischen *Subak*-Schrein handeln.

DIE MALSCHULE *I WAYAN GAMA* ㉒

Komplexe Miniaturen über das Leben auf Bali

Jalan Raya Keliki, Keliki, Tegallalang, Ginayar
0815 5800 9878
Instagram: @nanoeari_art
Täglich von 8–17 Uhr

Besucher mit schlechten Augen sollten besser ihre Brille (oder eine Lupe) mitbringen, um die kleinen Wunderwerke der Malschule von I Wayan Gama erkennen können. Hier lernen die Kinder aus dem Dorf die komplexe Kunst, für die Keliki so berühmt ist: Auf einfachem Papier zeichnen sie detaillierte Miniaturen, die das balinesische Leben, religiöse Szenen und Insellandschaften zeigen.

„Unser Stil ist einzigartig", erklärt I Wayan Gama, der die Schule 2005 in seinem Haus eingerichtet hat. „Das Erlernen der *Keliki*-Kunst und die Fertigstellung einer Zeichnung kann Monate dauern. Man braucht Geduld, Zeit und gute Augen."

Die Schule bietet auch Kurse für externe Besucher an. Aber in erster Linie ist die Schule dazu da, den den Kindern einen Ort zu bieten, wo sie die „traditionelle" Kunst erlernen und ausüben können. Der „*Keliki*-Stil" wurde in den 1970er Jahren von einem Bauern namens I Ketut Sana entwickelt, einem Schüler von I Gusti Nyoman Lempad (s. S. 184). Kennzeichnend für diesen Stil sind Miniaturszenen und komplexe Details. Wayan erklärt, dass es den Künstlern mit zunehmendem Alter immer schwerer fällt, die präzisen Zeichnungen auszuführen. „Solche Werke stammen nur selten von Künstlern, die älter als 40 oder 45 Jahre sind."

Vor 2002 zeichneten rund 60 Prozent der Erwachsenen aus Keliki Miniaturen für den Verkauf an Touristen. Nach den Anschlägen von Kuta im Oktober 2002 brachen die Besucherzahlen auf der Insel aber stark ein, und die meisten Künstler aus Keliki verdienten in der Folge ihren Lebensunterhalt wieder mit Landwirtschaft. „Die Kunst der Miniaturmalerei war vom Untergang bedroht, also habe ich diese Schule ins Leben gerufen, um eine neue Generation von Künstlern auszubilden", so Wayan weiter.

Die Schule ist ganztägig geöffnet und beherbergt eine umfangreiche Kunstsammlung. Der beste Zeitpunkt für einen Besuch ist am Wochenende und nachmittags, wenn sich die Kinder zum gemeinsamen Unterricht treffen.

Es ist faszinierend zu beobachten, mit welcher Konzentration und Präzision sie arbeiten, wenngleich viele von ihnen noch nicht einmal zehn Jahre alt sind. Für die Kinder ist die Schule kostenlos. Sie kommen und bleiben so lange sie möchten. Die Arbeit scheint ihnen zu gefallen und ist zudem vergütet: Zehn Prozent der Verkaufserlöse werden für den Erwerb neuer Materialien für die Schule verwendet, den Rest erhalten die Kinder. Die meisten von ihnen sind Jungen; Mädchen sind meist eher beim Tanz oder in der Küche zu finden.

Kinder, die den *Keliki*-Stil erlernen, kopieren zunächst Werke ihrer Lehrer. Mit zunehmendem Können gewinnen sie das für die freie Gestaltung eigener Kreationen erforderliche Vertrauen, für die sie teilweise fast ein Jahr benötigen. „Wir haben in unserem Dorf so viele Talente", schließt Wayan stolz, während er fantastische Arbeiten eines nur neunjährigen Jungen präsentiert.

DIE HEISSE QUELLE
VON ANGSERI

Idyllische Heilbecken inmitten eines heiligen Bambushains

Air Panas Angseri, Angseri, Tabanan
Täglich von 9–18 Uhr

Am Rande eines heiligen Bambushains liegt zwischen dem grünen Erholungsgebiet Bedugul und weiten Reisterrassen die Thermalquelle von Angseri. Dieser Ort ist nur wenig besucht, obwohl er sich hervorragend für einen entspannten Spaziergang durch die von der UNESCO als „Kulturlandschaft" eingestuften Reisfelder von Jatiluwih eignet.

Die nur fünf Gehminuten vom Eingang entfernt gelegenen Becken, in denen das Quellwasser aufgefangen wird, werden von örtlichen Helfern verwaltet und sind sehr gut gepflegt. Auf dem asphaltierten Weg dorthin begegnen einem immer wieder Makaken („Sie sind anders als die von Ubud, weniger frech", erklärt einer der Dorfbewohner) und Warane. Man wird begleitet vom leisen Gluckern eines kleinen Bewässerungskanals.

Die Quelle selbst ist ein ausgesprochen friedvoller Ort. Ihr Wasser wird in verschiedene Badebereiche geleitet. Das wärmste Becken, neben einem kleinen kalten Wasserfall, hat normalerweise eine Temperatur um 45° C. Das Wasser ist milchig-smaragdgrün und wirkt Einheimischen zufolge zur Linderung von Rheuma Wunder. Neun Bereiche sind wie lauwarme Saunen abgetrennt und können 30 Minuten belegt werden. Im größten dieser Becken liegt die Wassertemperatur bei 30° C.

Die Landschaft um die Badebecken ist sehr gepflegt, und die Gärten sind schattig und schön. Auf dem Weg zur Quelle bieten mehrere *Warungs* günstige Speisen an. Der Bambushain am Rande der Thermalbecken ist heilig, und es ist streng verboten, dort Bambus zu schneiden.

Die Reisterrassen in der Nähe von Jatiluwih zählen zu dem von der UNESCO als *„Subak*-Landschaft von Catur Angga Batukaru" eingetragenen Gebiet und gelten als die ältesten ihrer Art auf ganz Bali. Die UNESCO hat fünf Orte zu Teilen der Kulturlandschaft der Insel erklärt: Die Wassertempel *Pura Ulun Danu Batur* und *Pura Taman Ayun*, den Batur-See und das Pakerisan-Becken in der Nähe von Ubud. Die Terrassen rund um Jatiluwih sind in Sachen Besucher definitiv der ruhigste dieser Orte.

PURA LUHUR PUCAK PETALI

Ein Tempel zu Ehren des „Gottes der Diebe"

Jalan Pura Petali, Jatiluwih, Penebel, Tabanan
Der Tempel kann nur von außen besichtigt werden, weil er nur für Zeremonien geöffnet wird

Vorbei an den Reisterrassen von Jatiluwih führt eine Schlagloch-Piste zu einem der ungewöhnlichsten Tempel Balis. Ein Teil des Waldes gegenüber wurde zum Schutz wild lebender Mähnenhirsche und Muntjaks eingezäunt.

Der Tempel *Pura Luhur Pucak Petali* ist Sang Hyang Maling (dem „Gott der Diebe") gewidmet. Hier beten die, die als Diebe erfolgreich werden wollen. Es gibt einen weiteren Tempel dieser Art (den rund drei Kilometer entfernten *Pura Besikalung*). Warum diese Kultstätten errichtet wurden, ist indes bis heute ein Rätsel.

In ihrem wunderbaren Buch *Secrets of Bali: Fresh Light on the Morning of the World* zitieren J. Copeland und Ni Wayan Murni einen Gelehrten aus der Gegend, der berichtet, dass Balinesen, ähnlich wie Robin Hood in Europa, die Seele „sozialer Banditen" innewohne. Viele Kulturen auf der ganzen Welt verehren gerechte Diebe wie Dick Turpin, Pancho Villa, Billy the Kid oder Ned Kelly, die von den Reichen stehlen, um es den Armen zu geben. Die „Banditenkönigin" Phoolan Devi war so populär, dass es ihr gelang, einen Sitz im indischen Parlament zu erringen, bevor sie 2001 im Alter von 38 Jahren erschossen wurde.

Die urwaldbewachsenen Hänge von Gunung Batukaru waren wohl ein ideales Versteck für Bandite, weswegen der König von Buleleng 1605 seine Truppen dorthin schickte. Sie wurden aber von einem riesigen Bienenschwarm verjagt, als sie (aus unbekannten Gründen) im 11. Jahrhundert den Tempel von Batukaru angriffen.

Lässt man Spekulationen beiseite, liegen die Gründe für diesen dem „Gott der Diebe" gewidmeten Tempel noch heute im Dunkeln. 2002 deutete die *Jakarta Post* an, dass in *Pura Petali* seit vielen Jahren kein Priester mehr lebte und dass Sang Hyang Maling Dieben, die ihn um seinen Segen baten, strenge Bedingungen auferlegte, zu denen die Vorgabe zählte, „nur mäßig zu stehlen". Der Priester eines nahe gelegenen Tempel erklärte dem Journalisten: „Diebe sollten nur stehlen, wenn es notwendig ist, und sollten das Diebesgut nicht extravagant einsetzen."

Theoretisch ist es noch heute möglich, dass Diebe an diesen Ort kommen, um „ihren" Gott um seinen Segen zu bitten. In den Heiligtümern in der Nähe des kleinen Parkplatzes sind stets Opfergaben zu finden. „Die Menschen hier wollen keine Diebe mehr werden", erklärt der Priester. „Sie kommen in den Tempel, um Weihwasser zum Schutz ihres eigenen Besitzes zu erbitten."

Eigentlich ist es nur logisch, den „Gott der Diebe" um Schutz vor seinen Anhängern zu bitten.

DER PARK DER NATIONALDENKMÄLER VON MARGARANA

Ein Friedhof für balinesische Freiheitskämpfer

Marga Dauh Puri, Marga, Tabanan
Täglich von 8–17 Uhr

Sie tragen Namen wie *Normandie, Rorke's Drift oder Wounded Knee.* Soldatenfriedhöfe gelten immer als spirituell. Der idyllisch gelegene *Margarana National Monument Park*, der sich bis zu den Reisfeldern und den ersten Ausläufern des Bergs Gunung Batukaru erstreckt, ist einer von ihnen. Bei den Gräbern – meist versehen mit einer hinduistischen *Svastika* (von Sanskrit *su* = gut und *asti* = es ist) – handelt es sich um symbolische Gedenkstätten, weil die meisten Gefallenen eingeäschert wurden. Die wenigen Muslime, die in den Schlachten kämpften, wurden direkt am Tage ihres Todes bestattet.

Auf der zehn Meter langen Marmortafel an der Außenmauer der Anlage stehen die Namen und Geburtsorte von 1372 Kämpfern, die zwischen 1945 und 1950 im Indonesischen Unabhängigkeitskrieg (auch bekannt als Indonesische Nationale Revolution) fielen. Denn obwohl Indonesien seine Unabhängigkeit (*Kemerdekaan*) bereits 1945 – zwei Tage nach der Kapitulation des japanischen Kaisers und Rückzug der Besatzer – erklärte, erkannten die Niederlande erst 1949 die Republik als freien Staat an. Nach Ende des Zweiten Weltkriegs erhielten die schwer von der deutschen Besetzung gezeichneten Niederlande von den USA ein Darlehen in Höhe von 10 Millionen US-Dollar (was heute in etwa 140 Millionen entspräche), um ihre Macht in Indonesien zu festigen. Was folgte, war ein vierjähriger Guerillakrieg, von dessen Brutalität die Gräberreihen nahe der Ortschaft Marga zeugen. Hier befahl der indonesische Nationalheld I Gusti Ngurah Rai, der vielen Bali-Reisenden durch den Namen des internationalen Flughafens bekannt sein dürfte, einen *Puputan* (rituellen Selbstmord, s. S. 66). Am 20. November 1946 führte der damals 29-jährige Oberstleutnant 96 indonesische Soldaten in einen verzweifelten Kampf, der später als Schlacht von Margarana bekannt wurde.

1947 hatte das niederländische Vorgehen (offiziell beschrieben als „polizeiliche Maßnahmen zur Wiederherstellung der öffentlichen Ordnung") internationale Proteste hervorgerufen, und selbst die USA schienen es zu bereuen, sich gegenüber ihren niederländischen Verbündeten so großzügig erwiesen und sie mit ihrem Geld in die Lage versetzt zu haben, ein solches Blutbad anzurichten. Zwischen 1945 und 1949 starben Schätzungen zufolge 2300 niederländische Soldaten. Auf indonesischer Seite fielen mehr als 100.000 Männer. Die Gedenkstätte von Margarana wurde zu Ehren der indonesischen Streitkräfte angelegt, und jedes Jahr am 20. November findet hier eine Parade statt. Besucher verirren sich indes nur selten an diesen Ort, der es einem mit seiner Schönheit schwer macht, ihn sich als blutiges Schlachtfeld vorzustellen.

> Erst 2005 erkannten die Niederlande 1945 offiziell als das Jahr der Unabhängigkeit der Republik Indonesien an.

DER SCHMETTERLINGSPARK VON BALI

Tag- und Nachtfalter aus ganz Indonesien

Jalan Batukaru, Sesandan, Tabanan
Täglich von 8–17 Uhr – Erwachsene 85.000 Rupiah, Kinder 45.000 Rupiah

Je weiter die Hänge von Tabanan in Richtung des Gunung Batukaru (ein noch heute aktiver Vulkan und zweithöchster Gipfel der Insel) ansteigen, desto kühler und feuchter wird die Luft und desto üppiger die Natur: der ideale Habitat für Schmetterlinge. Der *Bali Butterfly Park* macht sich diese günstigen Bedingungen zunutze. Gegründet wurde er 1993 von sechs Hobby-Lepidopterologen, die einen geschützten Raum für die von ihnen so geliebten Insekten schaffen und diese gleichzeitig Besuchern zeigen wollten. Heute finden sich in der gepflegten Gartenanlage rund 25 Schmetterlingsarten (Tag- und Nachtfalter) aus ganz Indonesien.

„Die Gegend ist der ideale Lebensraum für Schmetterlinge", erklärt Luh Putu Sri Wahyuni, die seit 2005 hier arbeitet. „Sie finden hier die Pflanzen, die sie lieben, allerdings sind auch ihre Feinde, allen voran die Gottesanbeterin, nicht fern."

Putu verbringt einen Großteil ihrer Arbeitszeit in einem Schutzraum, der „Kinderstube" des Parks, in der die Falter aus ihren Kokons schlüpfen. „Diese Geschöpfe haben keine besonders lange Lebensdauer", erklärt sie. „Manche leben nur einige Tage, andere bis zu drei Wochen."

Tagfalter (*Lepidoptera*) und Nachtfalter (*Heterocera*) voneinander zu unterscheiden, ist nicht immer ganz einfach, doch Putu hat einen Tipp: Die Flügel von Tagfaltern weisen im Ruhezustand meist nach oben, während Nachtfalter ihre Flügel in horizontaler, geöffneter Position halten. Und: „Behaarte Raupen werden zu Nachtfaltern."

Der majestätische Atlasspinner *Attacus atlas* (*Borong* auf Indonesisch) ist der Star dieser eindrucksvollen Schmetterlingsfarm. Er zählt zu den größten im Park lebenden Vertretern seiner Art (Putu erinnert sich an ein Exemplar mit einer Flügelspannweite von 30 Zentimetern!), wird jedoch nur selten älter als fünf Tage. Die Flügelzeichnung des *Borong* ist außergewöhnlich und erinnert bei genauer Betrachtung an eine Schlange. In der Wildnis der ideale Schutz vor Feinden.

Die beste Zeit für einen Besuch im Park ist vor 10 Uhr oder nach 15 Uhr, da Schmetterlinge in der Hitze des Tages nur wenig aktiv sind.

In einem der Häuser des Parks leben Gespenstschrecken (*Phasmiden*) sowie Skorpione und eindrucksvolle Käfer. Wer keine Berührungsängste hat, erhält hier Gelegenheit zu fantastischen Fotoaufnahmen.

BALI WILDLIFE RESCUE CENTRE ㉗

Beobachtung und Schutz der indonesischen Fauna

Jalan Teratai no. 49, Dauh Peken, Tabanan
0361 894 1677
www.fnpf.org
Täglich von 9–16 Uhr

Im Bali Wildlife Rescue Centre werden Tiere aller Art medizinisch versorgt und auf das Leben in der Wildnis vorbereitet. In seinen Anlagen leben bis zu Hundert Tiere, und man wird auf jeden Fall 30 verschiedene Arten zu Gesicht bekommen. Das Zentrum beschäftigt fünf Vollzeitkräfte, darunter erfahrene Tierärzte, und wird von einer ganzen Reihe ehrenamtlicher Mitarbeiter unterstützt, die für die Dauer ihres Aufenthalts in Hotels und *Airbnb*-Unterkünften in Tabanan wohnen. Zu den vertretenen Arten zählen neben dem (vom Aussterben bedrohten) Balistar (*Leucopsar rothschildi*) auch der geschützte Schwarzflügelstar (*Acridotheres melanopterus*) sowie Milane, Papageien, Nashornvogel, Paradiesvögel und verschiedene andere seltene Vögel, die darauf warten, wieder in ihren natürlichen Lebensraum zurückkehren zu können. Viele von ihnen wurden von illegalen Händlern oder auf dem Vogelmarkt von Satria (s. S. 32) in Denpasar beschlagnahmt. Nach ihrer Ankunft im Park kommen sie zunächst in Quarantäne und werden anschließend in Volieren und Gehegen untergebracht, die sie auf das Leben in freier Wildbahn vorbereiten sollen.

Einige der Tiere sind verletzt oder durch Gefangenschaft traumatisiert und können nicht mehr in die Freiheit entlassen werden. Ihnen bietet das Zentrum für den Rest ihres Daseins ein ruhiges Lebensumfeld. Bei unserem Besuch fanden wir einen Malaienbär (auch bekannt als Sonnenbär) vor, der seit 18 Monaten auf seine Papiere für die Rückkehr nach Sumatra wartet, zwei Binturongs (Marderbären) und mehrere Riesenkrokodile – die berüchtigten „Menschenfresser" aus dem verlassenen Freizeitpark *Taman Festival* (s. S. 12).

Finanziert wird das Zentrum über Einnahmen durch gelegentliche Besucher sowie durch Spenden und die Stiftung der *Freunde der Nationalparks*. Die hohen Kosten für den Transport und die mit der Rückführung geschützter Arten in ihre natürlichen Lebensräume auf Borneo (Kalimantan), Sumatra oder Westpapua verbundenen Formalitäten führen dazu, dass viele Tiere sehr viel länger als geplant im Zentrum bleiben. So bekommen Besucher aller Wahrscheinlichkeit nach Krontauben, Gelbhaubenkakadus, Calaos, (häufig aus grausamen Zuchtbetrieben von Kopi-Luwak-Kaffeeerzeugern gerettete) Fleckenmusangs, grüne Pythons, südliche Pigtail-Makaken von den Sundainseln und Java-Languren zu Gesicht, Gibbon-ähnliche Primaten, die in der Gegend als *Monyet Hitam*, „schwarze Affen", bekannt sind und leider gefangen werden, um sie in Zeremonien zu opfern.

DAS *OGOH-OGOH*-MUSEUM

*Eine furchterregende Sammlung der gefürchtetsten
balinesischen Dämonen*

*Ogoh Ogoh Bali Museum
Jalan Ayodya, Mengwi, Badung
0821 4622 1180
http://theogohogohbali.business.site/
Täglich von 9–18 Uhr*

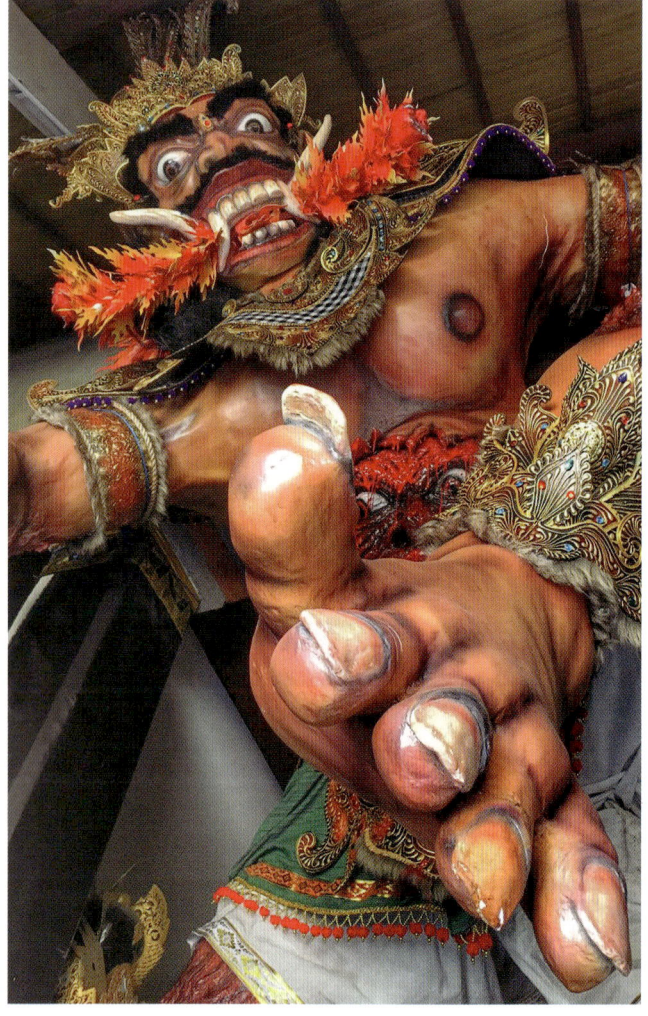

Dieser Besuch ist nichts für schwache Gemüter. Kaum hat man sich überwunden und die verlassen aussehende Scheune betreten, sieht man sich umgeben von unzähligen Dämonen mit kriegerischem Antlitz. Willkommen in der größten Ausstellung balinesischer Ogoh-Ogoh! Nur wenige Menschen verirren sich an diesen Ort, und selbst der Eingang zeigt sich oft verwaist, sodass das Eintrittsgeld schlicht in eine Box neben der Tür eingeworfen wird.

Die Sammlung umfasst 38 Statuen von teils über sechs Metern Höhe, die ursprünglich als eine Art „Einladung zum Fest" für die furcht-terregendsten Dämonen des hinduistischen Epos Ramayana gedacht waren. Die unter dem Namen Ngrupuk bekannte Reinigungszeremonie am Vorabend von *Nyepi* (dem „Tag der Stille", s. S. 24) findet in einer Kakophonie von Lärm, Licht und Flammen statt. Männer tragen die *Ogoh-Ogoh*-Figuren unter lautem Geschrei auf dem Rücken durch die Dörfer, um sie dann um Mitternacht an Stränden oder auf Friedhöfen verbrennen. Nach der Verbrennung ziehen sich die Balinesen schnell in ihre Häuser zurück, wo sie die nächsten 24 Stunden in absoluter Stille verbringen. Kein Kochen auf offenem Feuer, kein Licht, keine lauten Gespräche. Der öffentliche Nahverkehr auf der ganzen Insel steht still und sogar der balinesische Luftraum ist geschlossen. Mit diesem Ritual soll den Dämonen glauben gemacht werden, die Insel sei unbewohnt, damit sie Bali für ein Jahr in Ruhe lassen werden. Die eindrucksvollsten der aus Holz, Bambus, Pappmaché und Polystyrol gebauten *Ogoh-Ogoh* landen mit etwas Glück manchmal in diesem kleinen Museum. Sie sind so geschickt auf ihren Tragvorrichtungen angebracht, dass während der Prozession der Eindruck entsteht, als würden sie tanzen. Die Bezeichnung *Ogoh-Ogoh* geht auf ein balinesisches Wort zurück, das soviel bedeutet wie „erschüttern", „sich bewegen". Doch selbst unbewegt lehrt einen die Monstersammlung dieses Museums das Fürchten.

Die meisten Figuren werden von Dorfjugendverbänden, den sogenannten *Sekaa Truna Truni*, nach Vorbildern und unter Verwendung von Symbolen aus der indischen Mythologie gestaltet.

DER AFFENWALD VON SANGEH

Ein weiterer Affenwald

Obyek Wisata Sangeh, Jalan Brahmana, Sangeh, Badung
bukit-sari-sangeh.com
Täglich von 7:30–18 Uhr

Zur Ortschaft Sangeh gehört ein 14 Hektar großer Wald mit 2000 Muskatnussbäumen, die im 17. Jahrhundert für die Gärten des Königreichs Mengwi angepflanzt wurden. Heute leben hier unzählige Makaken in einem Habitat, der mit seiner kühlen Luft eine willkommene Erfrischung von der tropischen Hitze Balis bietet.

Zwischen den bis zu 45 Meter hohen Bäumen führen mehrere Wege zu insgesamt vier Tempeln. Der Haupttempel *Pura Bukit Sari* ist mit seinem neunstöckigen, dem Gott Vishnu geweihten Turm eine gefragte Kulisse für Verlobungsfotos. (Die meisten einheimischen Paare tragen dabei spektakuläre traditionelle Hochzeitsgewänder.)

In dem heiligen Wald von Sangeh leben in drei Gruppen Hunderte von Makaken, die zwar weniger aggressiv wirken als ihre Verwandten aus Ubud, denen man aber trotzdem lieber mit Vorsicht begegnet. Eine der Besonderheiten dieses Parks ist der Umstand, dass einige der hier lebenden Makaken junge Kätzchen aus dem Nachbardorf „adoptieren" und buchstäblich zu Tode lieben. Den Tempelwächtern zufolge ist dies kein ungewöhnlicher Anblick hier. Die Affen tragen und pflegen die Kätzchen und drücken sie, von Ast zu Ast springend, fest an sich. Leider nimmt diese Liebe in den meisten Fällen kein gutes Ende: Da die Affen die Katzenjungen nicht ernähren können, sterben diese in der Regel.

Der Affenwald von Ubud ist angeblich eines der beliebtesten Ausflugsziele der Insel und zieht mit seinen schattigen Alleen und seinen dreisten Bewohnern Monat für Monat Tausende Besucher an. Erwischt man einen ruhigen Zeitpunkt, strahlt der Park mit seinen moosbedeckten Skulpturen und den alten Mauern und Brücken unumstritten einen ganz besonderen Charme aus – aber der Affenwald von Sangeh ist tatsächlich noch schöner. Außerdem liegt er nur 10 Autominuten von Ubud entfernt, und es sind hier viel weniger Touristen.

Kleiner Exkurs in die Baumkunde

Die Muskatbäume (*Dipterocarpus trinervis*) von Sangeh gehören nicht zu derselben Art wie die Muskatnussbäume der Molukken (*Myristica fragrans*), deren essbare Früchte in der Küche Verwendung finden. Sie erlangten zu einer Zeit Berühmtheit, als der Handel mit Gewürzen wie Muskatnuss, Macis und Nelken florierte und die Inselgruppe den Beinamen „Gewürzinseln" erhielt.

TAMAN MUMBUL SANGEH

Ort einer alten Legende

Tirta Taman Mumbul Sangeh, nahe Jalan Raya Sangeh, Sangeh, Badung
Täglich von 6–19 Uhr
Eintritt frei, Spenden willkommen

Der Legende nach lebte im Zentrum von Bali einst eine alte Frau, die, beladen mit einem großen Krug, von Dorf zu Dorf ging, und sich ihren Lebensunterhalt mit dem Verkauf von Wasser verdiente. Eines heißen Nachmittags in der Trockenzeit kam sie nach Sangeh, wo sie sich im Schatten eines Baumes niederließ, um sich einen Moment auszuruhen. Als sie sich umblickte, erkannte sie, dass auch die Pflanzen unter der brennenden Hitze litten und einige von ihnen kurz vor dem Vertrocknen standen. Sie zögerte nicht und goss die Pflanzen in ihrer Nähe mit dem Wasser aus ihrem Krug. Als sie bemerkte, dass dieser sich nicht leerte, begann sie, auch die weiter entfernten Pflanzen zu bewässern. So entstand ein kleiner See, der noch heute am Rand von Sangeh zu sehen ist. Am Fuße eines Banyan-Baums am Ufer dieses Gewässers erinnert eine Statue an die Frau mit ihrem Wasserkrug. Ein wundervoller, ruhiger Ort, umgeben von Bäumen und bewacht von dem darunter liegenden Wassertempel.

In der Region Ubud können weitere Wassertempel besichtigt werden. Durch die sozialen Medien sind sie heute weithin bekannt und erfreuen sich vor allem unter Hobbyfotografen großer Beliebtheit. *Tirta Taman Mumbul* fliegt bisher zum Glück noch unter dem Radar und präsentiert sich Besuchern als meditativer Ort der Stille.

Reinigung von negativer Energie

Das Wasser des Sees stammt aus einer Quelle und gelangt über elf, jeweils dem Schutz einer hinduistischen Gottheit unterstellten Leitungen in den Wassertempel *Tirta Taman Mumbul Tirta* = Weihwasser). Besucher benötigen einen Sarong, und wer unter dem Wasserfall hindurchgeht, wird, so der Glauben, von seiner negativen Energie gereinigt.

Das Wasser aus dem See speist außerdem ein komplexes landwirtschaftliches Bewässerungsnetz. Dieses von der UNESCO als Kulturlandschaft eingestufte *Subak*-System (s. S. 73) fungiert seit Jahrhunderten in Form einer Bewässerungsgemeinschaft und ist Ausdruck der balinesischen Philosophie *Tri Hita Karana* – Harmonie zwischen Mensch, Natur und Umwelt. Der Erfolg des Reisanbaus auf der Insel (s. S. 48) wird allgemein dem guten Wassermanagement durch das Subak-System zugesprochen.

BEDUGAL TAMAN REKREASI RESORT

Willkommen im „Geisterpalast von Bali"

Jalan Baturiti Bedugul, Bedugul, Tabanan
Der Eingang ist mit einer Kette versperrt. Bitten Sie am nahe gelegenen
Warung *um Erlaubnis, das Gelände betreten zu dürfen*

Die Straße, die sich südlich des Beratan-Sees durch die Landschaft schlängelt, bietet eine wunderschöne Aussicht über sanfte Täler, in denen Erdbeeren und Gemüse angebaut werden. Rund einen Kilometer „unterhalb" des Beratan, gleich nach einer Haarnadelkurve, taucht links der Eingang des mysteriösen *Bedugal Taman Rekreasi Resort* auf, das weithin als „Geisterpalast" bekannt ist und bei wolkenverhangenem Himmel besonders schaurig anmutet.

Das *Bedugal Taman Rekreasi Resort* wurde 1998, nur sechs Monate nach seiner Eröffnung, aufgegeben. Seitdem kursieren verschiedenste Hypothesen über die Gründe für die Schließung, die von Mord über korrupte Politiker bis hin zu Konkurs und Investorenstreitigkeiten reichen. Manche behaupten auch, alle Besucher des Hotels seien innerhalb einer Nacht auf mysteriöse Art und Weise aus den 140 Zimmern verschwunden. Man munkelt also, in der Anlage würde es spuken.

„Hier spukt es nicht", lacht Pak Made, der in dem Hotel während seiner kurzen Betriebsdauer als Reinigungskraft arbeitete und heute einen kleinen *Warung Jamu* neben dem Eingang betreibt. „Stimmt, es gibt Gerüchte über Gespenster, aber ich habe noch nie eins gesehen."

Beim Gang durch die weiten, leeren Räume des *Bedugal Taman Rekreasi Resort* fällt es aber schwer, nicht an die Geschichte vom Spukhotel zu denken. Das Gelände schmiegt sich auf fünf Hektar dicht an den Berg. Die Gebäude stehen noch stabil am Hang, doch die Natur beginnt, sich alles zurückzuholen. Schlingpflanzen winden sich die Treppen hinauf, in Pfützen spiegeln sich Säulen wider, grüne Algen erobern die Fenster. Die Vegetation verleibt sich immer weitere Teile der Anlage ein, die Statuen im Garten sehen wegen auf ihnen wachsender schwarzer Algen so aus, als seien sie heimgesucht.

Für Fotografen ist das verlassene Gelände ein Traum. Wer tief in den Bauch dieser Gemäuer eindringen will, sollte unbedingt eine Taschenlampe dabeihaben und vorsichtig gehen, denn der Boden ist oft nass und rutschig.

Ist man mit dem Auto auf Bali unterwegs, sieht man immer wieder verlassene Gebäude am Straßenrand, die zum Teil noch nicht einmal fertiggestellt sind. Trotzdem gibt es auf der Insel mehr als 5500 Hotels (ca. 1/km²) und viele weitere befinden sich im Bau.

TAMAN USADA

Ein Garten zur Linderung (fast) aller Gebrechen

Botanischer Garten von Bali
Jalan Kebun Raya, Candikuning, Tabanan
0368 203 3211
www.balibotanicgarden.org
Täglich von 8–18 Uhr

![Forest garden with stone steps leading to an overgrown temple structure]

Die traditionelle Medizin (*Usada*) war schon immer fester Bestandteil des Lebens auf Bali. Noch heute kann einem jeder Balinese sagen, wie man verschiedenste Leiden pflanzlich behandelt. Am besten wissen natürlich die *Balian* (Heiler) Bescheid, die ihr Wissen zumeist aus alten Palmblattmanuskripten (*Lontar*, s. S. 161) beziehen.

In den kühlen, dunstumwobenen Hügeln von Bedugul liegt der botanische Garten von Bali, der mit einer Fläche von 157 Hektar der größte seiner Art in ganz Indonesien ist. *Taman Usada* befindet sich in einer ruhigen Ecke des Geländes, knapp einen Kilometer vom Eingang entfernt. Dieser kleine Teil des Gartens ist dem Anbau, der Dokumentation, der Erforschung und dem Erhalt bestimmter Pflanzen vorbehalten, die zu den wertvollsten der Insel zählen und in der traditionellen Medizin zum Einsatz kommen. Von den insgesamt rund 500 in den *Lontar* erwähnten Heilpflanzen finden sich mehr als 300, darunter 15 seltene, Arten in dem 1,6 Hektar großen Medizingarten *Taman Usada*.

Über den Garten gibt es nur wenige, aber dafür interessante Informationen. So erfährt man beispielsweise, dass Jasminblüten (das Nationalsymbol Indonesiens) gegen Erkältung, Durchfall und Zahnschmerzen eingesetzt werden können. Betelblätter sind ein hervorragendes Antiseptikum. Mit Kalk vermischt, fanden sie auf Java als Mittel gegen das Arsen auf den Klingen von Kris-Dolchen (s. S. 196) Verwendung.

Neben seinem Nutzen für die traditionelle Medizin ist der Garten mit seinen gigantischen Tropenbäumen, der vielleicht größten Wildorchideensammlung von ganz Bali und der umfangreichsten Begonienausstellung der Welt wirklich einen Besuch wert. Neben all diesen Highlights ist der idyllische Spaziergang vorbei an 200 unterschiedlichen Farnen und Moosen schlicht die beste Medizin, um dem Alltag zu entfliehen und die Seele baumeln zu lassen.

Jamu ist ein traditionelles Arzneimittel, das aus Wurzeln, Blättern, Rinde und Blüten hergestellt wird. *Jamu* gibt es in Tausenden unterschiedlichen Rezepturen gegen die unterschiedlichsten Gebrechen. Ursprünglich stammt *Jamu* aus Zentral-Java. Heute ist es auch auf Bali überall zu finden. Frühmorgens auf dem Fruchtmarkt sieht man Frauen mit Körben voller *Jamu*-Fläschchen, die gegen allerlei Krankheiten, von Bauchschmerzen bis hin zu Menstruationsbeschwerden helfen, aber auch die Schönheit von Frauen oder die Männlichkeit von Männern steigern sollen. Grundzutaten von *Jamu* sind in der Regel Kurkuma und Ingwer sowie Honig. Das Dorf Penglipuran (s. S. 204) ist für seinen *Loloh Cemcem* bekannt, einen grünen *Jamu* aus *Cemcem* (Blätter der Balsampflaume – *Spondias pinnata*), Kokosmilch und Zucker.

Thomas Jonglez

Im September 1995 hielt sich Thomas Jonglez in der Stadt Peshawar auf. Sie liegt im Norden Pakistans, zwanzig Kilometer von der Stammeszone entfernt, die er ein paar Tage später besuchen wollte. Dort kam ihm der Gedanke, alle verborgenen Winkel seiner Heimatstadt Paris, die er wie seine Westentasche kannte, schriftlich festzuhalten. Auf seiner Heimreise von Beijing, die 7 Monate dauerte, durchquerte er Tibet (wo er heimlich, unter Decken in einem Nachtbus versteckt, einreiste), Iran und Kurdistan. Er reiste dabei nie im Flugzeug, sondern per Boot, Zug oder Bus, per Anhalter, mit dem Rad, dem Pferd oder zu Fuß und erreichte Paris gerade rechtzeitig, um mit seiner Familie Weihnachten feiern zu können.

Nach seiner Rückkehr verbrachte er zwei großartige Jahre damit, durch die Straßen von Paris zu streifen, um gemeinsam mit einem Freund seinen ersten Reiseführer über die verborgenen Orte seiner Stadt zu schreiben. Während der nächsten sieben Jahre arbeitete er im Stahlsektor, bis ihn seine Entdeckerleidenschaft wieder überfiel. 2003 gründete er Jonglez Verlag und zog drei Jahre später nach Venedig.

2013 verließ er mit seiner Familie Venedig auf der Suche nach neuen Abenteuern und unternahm eine sechsmonatige Reise nach Brasilien mit Zwischenstopps in Nordkorea, Mikronesien, auf den Salomon-Inseln, der Osterinsel, in Peru und Bolivien.

Nach sieben Jahren in Rio de Janeiro lebt er heute mit seiner Frau und seinen drei Kindern in Berlin.

Jonglez Verlag publiziert Titel in neun Sprachen und 40 Ländern.

ATLAS

Atlas der geographischen Kuriositäten

BILDBÄNDE

Abandoned Asylums (auf Englisch)
Abandoned Australia (auf Englisch)
Abandoned France (auf Englisch)
Abandoned Lebanon (auf Englisch)
Abandoned Spain (auf Englisch)
After the Final Curtain – The Fall of the American Movie Theater (auf Englisch)
After the Final Curtain – America's Abandoned Theaters (auf Englisch)
Baikonur – Vestiges of the Soviet Space Programme (auf Englisch)
Chernobyl's Atomic Legacy (auf Englisch)
Forbidden Places – Exploring our Abandoned Heritage Vol. 1 (auf Englisch)
Forbidden Places – Exploring our Abandoned Heritage Vol. 2 (auf Englisch)
Forbidden Places – Exploring our Abandoned Heritage Vol. 3 (auf Englisch)
Forgotten Heritage (auf Englisch)
Stilles Venedig
Ungewöhnliche Hotels
Unusual Wines (auf Englisch)
Verbotene Orte
Verlassenes Japan
Verlassenes Italien
Verlassene Kirchen – Kultstättten im Verfall
Verlassene UdSSR
Verlassene USA
Venedig aus der Luft

VERBORGENES-REISEFÜHRER

Verborgenes Bangkok
Verborgenes Berlin
Verborgene Dolomiten
Verborgenes Florenz
Verborgenes Genf
Verborgenes Hamburg
Verborgenes Istanbul
Verborgenes Kopenhagen
Verborgenes Korsika
Verborgenes Lissabon
Verborgenes London
Verborgenes Los Angeles
Verborgenes Mailand
Verborgenes New York
Verborgenes Paris
Verborgene Provence
Verborgenes Rom
Verborgenes Sevilla
Verborgene Toskana
Verborgenes Venedig
Verborgenes Wien

„SOUL OF"-REIHE

Soul of Amsterdam – 30 einzigartige Erlebnisse
Soul of Athen – 30 einzigartige Erlebnisse
Soul of Barcelona – 30 einzigartige Erlebnisse
Soul of Berlin – 30 einzigartige Erlebnisse
Soul of Kyoto – 30 einzigartige Erlebnisse
Soul of Lisbon – 30 einzigartige Erlebnisse
Soul of Marrakesch – 30 einzigartige Erlebnisse
Soul of New York – 30 einzigartige Erlebnisse
Soul of Rom – 30 einzigartige Erlebnisse
Soul of Tokio – 30 einzigartige Erlebnisse
Soul of Venedig – 30 einzigartige Erlebnisse

Folgen Sie uns auf Facebook, Instagram und Twitter

DANKSAGUNG

Die Autoren möchten den unzähligen Balinesinnen und Balinesen danken, die ihre Geschichten und ihre Kultur mit ihnen geteilt haben. Ohne sie gäbe es dieses Buch nicht. Ebenfalls danken möchten wir unserer Freundin Sudana und ihrer Familie (Ketut, Kadek, Komang und Ayu), deren tiefe Kenntnis der balinesischen Kultur und Tradition auf vielen Seiten dieses Reiseführers durchscheint.

Marks Tochter Lucia hat mit ihren gerade einmal 14 Jahren ebenfalls aktiv zur Entstehung dieses Buches beigetragen und uns bei einigen der aufregendsten Beiträge mit wertvollen Recherchen unterstützt.

Last but not least gilt unser Dank Thomas Jonglez, der die brillante Idee hatte, Reiseführer für Leser auf den Markt zu bringen, die sich für die außergewöhnlichsten Orte unseres Planeten interessieren. Wir hoffen, dass dieses Buch vielen Reisenden eine Inspiration ist und sie ermutigt, auf ihren Erkundungszügen durch diese möglicherweise schönste Insel der Welt noch tiefer vorzudringen.

BILDNACHWEISE

Alle Fotos von **Narina Exelby** und **Mark Eveleigh**, außer:
Mekar Bhuana: S. 14

Karten: Louisa Keyworth - **Layout:** Emmanuelle Willard Toulemonde - **Übersetzung:** Tanja Felder - **Lektorat:** Johanna Kling und Birgit Eißner - **Konzeption:** Clémence Mathé

© JONGLEZ 2023

Pflichtexemplar: Januar 2023 - 1. Auflage

ISBN: 978-2-36195-479-6

Printed in Bulgarien bei Dedrax